CIEN AÑOS DEL GENOCIDIO ARMENIO:

UN SIGLO DE SILENCIO

Cien Años del Genocidio Armenio:
un siglo de silencio

Arthur Ghukasian

Aída Acosta, José Luis Álvarez Vélez, Núria Añó, Víctor Hugo Arévalo Jordán, Freddy D. Astorga, Edgardo Daniel Barreda Valenzuela, Dora Isabel Berdugo Iriarte, Rony Bolivar, Enrique Bustamante, José Caraballo, Amado Carbonell Santos, Francisco Domene, Santos Domínguez Ramos, Julio Fernández Peláez, Miguel Alberto González González, G. H. Guarch, José Antonio Gurriarán, Dick Lester Núñez, Sandra Beatriz Ludeña Jiménez, Rodrigo Llano Isaza, Ara Malikian, Virginia Mendoza, Juan Merelo-Barbera, Jean Meyer, Marcos Antonio Pareja Sosa, Gonzalo Perera, Luis Manuel Pérez Boitel, Jorge Rubiani, Mariano Saravia, Yanira Soundy, Gustavo Sterczek, Luciano Andrés Valencia, Fernando José Vaquero Oroquieta, Máximo Vega, Gregorio Vigil-Escalera

COLECCIÓN MISCELÁNEA, 7

© Arthur Ghukasian (coord.), Aída Acosta, José Luis Álvarez Vélez, Núria Añó, Víctor Hugo Arévalo Jordán, Freddy D. Astorga, Edgardo Daniel Barreda Valenzuela, Dora Isabel Berdugo Iriarte, Rony Bolivar, Enrique Bustamante, José Caraballo, Amado Carbonell Santos, Francisco Domene, Santos Domínguez Ramos, Julio Fernández Peláez, Miguel Alberto González González, G. H. Guarch, José Antonio Gurriarán, Dick Lester Núñez, Sandra Beatriz Ludeña Jiménez, Rodrigo Llano Isaza, Ara Malikian, Virginia Mendoza, Juan Merelo-Barbera, Jean Meyer, Marcos Antonio Pareja Sosa, Gonzalo Perera, Luis Manuel Pérez Boitel, Jorge Rubiani, Mariano Saravia, Yanira Soundy, Gustavo Sterczek, Luciano Andrés Valencia, Fernando José Vaquero Oroquieta, Máximo Vega, Gregorio Vigil-Escalera. 2016.

© de la edición (digital e impresión bajo demanda):
e-DitARX Publicaciones digitales
Avda. Almazora, 83, 4-E, 12005, Castellón de la Plana
Tel.: 964 063 778
editarx@editarx.es
www.editarx.es

Depósito Legal: CS 286-2016
ISBN 978-84-944520-6-2

Quedan prohibidos, dentro de los límites contemplados por la legislación vigente, la reproducción total o parcial de esta obra por cualquier medio o procedimiento, sea informático o mecánico, el alquiler o cualquier otra forma de cesión sin la previa autorización por escrito de los titulares.

El silencio tiene tantos significados como amaneceres tienen cien años.

Pero cien años de silencio es demasiado.

¿Puede haber algo más bello que el silencio en una obra musical?

Hace apreciar la complejidad de los acordes, regala aliento al músico y paz al alma de los que escuchan, y por un segundo, se quedan a solas con su propio latido. Bach hacia arte con sus silencios.

Pero el silencio tras un genocidio solo sigue siendo genocidio.

Ese silencio no genera calma, ni mejora el alma ni se acerca de lejos al arte.

Ese silencio sólo será bello cuando se rompa y las voces de los vivos griten por la muerte de esos casi dos millones de armenios muertos.

Ara M<small>ALIKIAN</small>

Índice

Presentación

Cien años del Genocidio armenio
Arthur Ghukasian   13
Un artículo imprescindible
G. H. Guarch   21
Mi total apoyo
Juan Merelo-Barbera Gabriel   25

Artículos

Es la hora del reconocimiento del Genocidio armenio
Arthur Ghukasian   31
Cuando la realidad alcanza la ficción
Freddy D. Astorga   37
*Carta abierta al secretario general de la ONU sobre
el centenario del Genocidio armenio*
G. H. Guarch   41
*El Genocidio armenio, desde perspectivas
nacionalistas y patrióticas*
Juan Merelo-Barbera Gabriel   53
Todos somos armenios
Máximo Vega   71
De mi raíz a la de los armenios todos
Víctor Hugo Arévalo Jordán   75

El Genocidio armenio, humillación a un grupo humano al delirar la razón ilustrada: cien años de soledad y apatía
Miguel Alberto González González   83

Yo me acuerdo del genocidio armenio: memoria y dignidad
Francisco Domene   97

Los sesenta que debieron ser, los cien que vendrán
Gonzalo Perera   103

Al filo de la muerte
Jean Meyer   109

Alepo, cien años después
Mariano Saravia   121

El cine que nos cuenta el Genocidio armenio
Arthur Ghukasian   129

Piedras vivas de Armenia en el Líbano
Fernando José Vaquero Oroquieta   139

Las otras víctimas del Imperio otomano
Luciano Andrés Valencia   147

La historia no debe escribirse con sangre
Enrique Bustamante   159

Los armenios en España: Levon VI gobernó Madrid en el siglo xiv
José Antonio Gurriarán   163

Desolvidar lugares
Julio Fernández Peláez   177

La sangrante herida de Armenia en los cien años de su genocidio religioso. Abril 24: 1915-2015
Rodrigo Llano Isaza   183

Las claves del odio
Gregorio Vigil-Escalera   189

Frank Werfel y los armenios del Musa Dagh
Núria Añó   193

*El primer holocausto del siglo XX: deconstruyendo
el pasado de Armenia*
Marcos Antonio Pareja   199
Armenia. Historia del primer holocausto del siglo XX
Amado Carbonell Santos   205
Las trampas del silencio
Virginia Mendoza   211
El infierno sartreano armenio
Rony Bolívar   217
El siglo XX y el Genocidio armenio
José Caraballo   223
Condena al odio y al racismo
Edgardo Daniel Barreda Valenzuela   229
El genocidio armenio, una verdad que aún sangra
Sandra Beatriz Ludeña-Jiménez   233
Un genocidio que se perpetúa con la indiferencia
Jorge Rubiani   239
Armenia y Honduras: dos países con rostro de sangre
Dick Lester Núñez   245
El genocidio de Armenia
Yanira Soundy   249

Poemario
A todas las víctimas de las guerras por intolerancia asesina
Dora Isabel Berdugo Iriarte   255
Principios humanos
José Luis Álvarez Vélez   259
*Escrito en las colina de Tsitsernakaberd
sobre el desfiladero de Hrazdan*
Luis Manuel Pérez Boitel   263
Cien años
Gustavo Sterczek   269

Al pie del gigante
Gustavo Sterczek   273

Genocidio armenio
Aída Acosta   281

Una señal oscura
Santos Domínguez Ramos   285

Relato

Ardarutiun
Luciano Andrés Valencia   291

Autores   315

Presentación

Cien años del Genocidio armenio

Arthur Ghukasian

Durante los últimos cien años, el pueblo armenio luchó incansablemente para el reconocimiento de la mayor tragedia que sucedió en pleno siglo xx y que continuamente niega el gobierno turco. Décadas enteras mintiendo y manipulando a su propio pueblo y presionando a los países cuyos parlamentos debatían el tema en sus sesiones.

Casi dos millones de mis compatriotas fueron muertos sin piedad en sus casas y jardines, en su tierra natal de Armenia o por el desierto, donde encontrarían la muerte huyendo de los turcos. Los que conocen estas páginas de la historia, saben que la «culpa» de esas personas era tan solo ser armenios y cristianos.

Pero el principal motivo que condujo al exterminio no fue sólo su pertenencia nacional y religiosa. Tanto los jóvenes turcos, como los círculos oficiales de la Turquía contemporánea, sabían y conocían perfectamente que los armenios vivían en sus territorios, y el objetivo final de las matanzas masivas en 1915 fue privar de la patria al pueblo ancestral armenio a través del genocidio.

Finalizados los ataques contra la población armenia, las autoridades turcas, hasta la fecha, no han detenido su afán de destruir todos los monumentos históricos que indicaban sus orígenes armenios, y que por ello debían desaparecer inmediatamente. ¡Ningún objeto, ningún rastro que indicara la milenaria cultura armenia, ni que llevara a preguntar por la cuestión armenia!

Además de los supervivientes de este monstruoso crimen contra la humanidad, la historia conoce los nombres de los testigos europeos y otros personajes que escribieron sobre estos terribles actos y sus consecuencias. Uno de ellos, Henry Morgenthau, el entonces embajador de Estados Unidos en Estambul, describió lo sucedido en un dramático reportaje como el «Asesinato de una Nación», y lo que cuenta en sus informes y memorias es algo verdaderamente espeluznante y trágico, coincidiendo con los demás testimonios. En los innumerables escritos, de los que no se puede dudar de su objetividad, aparecen las trágicas escenas de la devastación de las ciudades y los pueblos, y las inacabables caravanas que conducían a una muerte segura.

Dos millones de víctimas, bienes confiscados y robados, decenas de iglesias demolidas, cientos de cruces de piedra destruidas, millones de niños que no nacieron, una diáspora esparcida en todo el mundo a consecuencia de esta barbarie, un genocidio silenciado…

«El panturquismo se convirtió en una suerte de ídolo y se tomaron las medidas más duras contra los elementos no turcos…», explicaba Johannes Lepsius, un pastor de origen alemán, al que permitieron, en 1915, llevar a cabo una investigación sobre el tema. Y por mucho que la propaganda panturquista quiera esconder los verdaderos acontecimientos de la época, resulta imposible hacer creer a todos los demás sus falsedades, en las que no creen ya ni sus propios ciudadanos. Nos consta que muchos intelectuales de este país, ignorando el famoso artículo 301 que condena cualquier opinión que, según los criterios del Gobierno turco, dañe los intereses nacionales, hablan en voz alta sobre un genocidio organizado y llevado al cabo por sus antepasados.

Pero mis ojos siguen mirando, aún ahora, a las víctimas de este brutal asesinato de mi nación, y ello me hace inclinar la cabeza ante el Uruguay, un país de habla hispana, que ya en 1965 fue el primero entre todos los demás, en reconocer el genocidio y cuyo Gobierno ha decidido abrir un museo a la memoria de todos los caídos del Genocidio armenio. José Mujica, el presidente del país hasta marzo de 2015, que es un ejemplo en muchos sentidos y para mucha gente en todo el mundo, en enero del pasado año expresó, una vez más su convicción:

> No podemos alterar el pasado, pero tenemos que aprender de él y reconocer las barbaridades que los hombres hemos hecho, para que las próximas generaciones no caigan más en ellas, a las que el hombre está expuesto por ser el único animal capaz de tropezar varias veces con la misma piedra.

Son millares y millares las miradas de los mártires que, a través de mis ojos, expresan sus sentimientos de agradecimiento al pueblo de Argentina, cuyo Parlamento tuvo la misma valentía para decir las cosas por su nombre y donde han empezado los trabajos para la fundación del Museo del Genocidio. Allí, mis conterráneos, junto con otras comunidades, fundaciones y organizaciones, conmemoraron en 2015 el centenario de la catástrofe más cruel de nuestra historia. A este hospitalario país llegaron décadas antes los supervivientes, que abrieron en Buenos Aires y en otras ciudades sus iglesias y colegios, sus teatros y asociaciones... Allí se formó la tercera generación que recuerda todo aquello que sus abuelos no fueron capaces de olvidar.

Puedo asegurar que no pararé de mirar con los mismos ojos de los sacrificados, dirigidos en el momento que escribo, hacía Venezuela, donde tampoco faltaba el coraje, cuando, en 2005, los diputados de su Parlamento aprobaron la resolución del reconocimiento del Genocidio armenio.

El coraje de los diputados venezolanos fue más que suficiente, no sólo para llamar a las cosas por su nombre, sino también para solicitar a la Unión Europea que postergara la admisión de Turquía hasta que reconociera lo sucedido. En Venezuela, quienes quisieron respetar la memoria de los masacrados con un minuto de silencio se reunieron en la plaza monumento a las Víctimas del Genocidio Armenio que se encuentra en el distrito de Caracas. Desde allí, con los ojos abiertos de los difuntos, puedo ver a los venezolanos con el amor humano que las víctimas merecen.

A través de mis ojos puedo contemplar a tantos y tantos seres humanos que, muertos por la sed y el hambre, las palizas y los sables, siguen mirando, con un profundo sentido de gratitud, hacía la nación chilena, que unió su voz a las voces de aquellos países que condenaron los espantosos delitos del estado turco. Los senadores que votaron esta ley estaban bien informados sobre el primer genocidio del siglo xx, sobre la política de negación de los ideólogos proturcos, que por cierto, no tardaron en oponerse a la ley del Senado de Chile, como han hecho en los otros casos, como con el incontable número de víctimas, sobre los feroces y, por cierto, fracasados intentos de enterrar el caso. Y en honor a ellos, se les repita de nuevo que eligieron el camino contra su conciencia, contra la verdad y justicia. Las almas de los asesinados, que durante cien años no han dejado de estar entre nosotros, envían sus palabras y sus sentimientos para ser finalmente escuchados.

Con mis manos escriben estás líneas cientos de autores e intelectuales que, por culpa de los cómplices estatales de los verdugos de aquellos años, no alcanzaron a cruzar al umbral del 1916. En sus frases a los bolivianos aprecian su voluntad para la aprobación, a finales del 2014, la resolución en la que se dice exactamente:

> La Asamblea Legislativa Plurinacional de Bolivia comparte y es solidaria con el pueblo armenio, por la lucha de sus reivindicaciones, la conservación por los derechos humanos, y el establecimiento de la verdad y la justicia, y declara su firme compromiso con los derechos humanos, la verdad y la justicia y su solidaridad y condena contra toda política negacionista respecto al genocidio y los crímenes de lesa humanidad sufridos por la Nación Armenia.

En lo más profundo de mi interior no dejan de hablarme mis antepasados, que me exigen que pronuncie en voz alta sus mejores deseos al País Vasco, Cataluña, Navarra y las Islas Baleares, que reconociendo y condenando el hecho de la aniquilación del pueblo armenio en 1915, dan un ejemplo al Parlamento Español, para que no tarde demasiado en ser justo en este caso y que pregunte a los políticos presentes: ¿qué ha pasado con aquellos millones de personas en los principios del siglo pasado?, ¿por qué no volvieron nunca a sus casas?, ¿dónde y cómo encontraron sus muertes?, y ¿quienes habitan hoy lo que fueron un día sus hogares?

En mis oídos escucho cada día los nombres de países, como Francia, Alemania, Bélgica, Países Bajos, Suiza, Suecia, Rusia, Polonia, Lituania, Grecia, Eslovaquia, Chipre, Líbano, Canadá... Son los que reconocieron el Genocidio armenio, que con sus decisiones llaman a todas las fuerzas de nuestro mundo a hacer lo mismo, para que no vuelva a repetirse algo parecido a lo expresado por Hitler: «¿Quién recuerda hoy la matanza de los armenios?» para justificar su plan de invadir Polonia y que acabará desembocando en el Holocausto judío. Y mientras no se recuerde el primer exterminio, cada uno que tenga los mismos poderes que los jóvenes turcos o los nazis en su época, va a repetir la misma frase en el intento de razonar su odio hacia otras razas, sus planes inhumanos, sus acciones bárbaras, su vandalismo.

En mis agitados sueños no faltan las caras de todos aquellos a los que no he visto nunca, pero reconozco. Ellos me aseguran que vendrá el día esperado por mí y por mis compatriotas, cuando la humanidad entera recordará conmigo a todos los caídos del Genocidio armenio, y yo les creo. Creo sin duda, y con esperanza, que llegará ese momento.

Un artículo imprescindible

G. H. Guarch

Acabo de leer el artículo de mi gran amigo armenio, el periodista y escritor Arthur Ghukasian, sobre la importancia de la memoria, y me ha parecido emocionante y necesario. Su idea de reunir las voces de los intelectuales españoles y de América Latina sobre la importancia del Centenario del Genocidio armenio, simboliza el espíritu armenio. Ahora, más que nunca, es precisa esa unión, crear una sola voz que resuene en todas partes, en cualquier lugar, para que el mundo se conciencie de una vez y para siempre que aquel genocidio no debe ser olvidado y que los mártires nos reclaman para que su sangre no haya sido estéril.

Arthur Ghukasian representa, con su voz y su grito, a todos los armenios que se sienten identificados por una causa noble: que Armenia simbolice a todos los seres humanos y que su tragedia sea reconocida por todos. Y eso le honra, como lo que es, alguien que se concienció siendo un niño, y que en su diáspora, como la de otros seis millones de armenios repartidos por todo el orbe, sea útil a esa Armenia que lleva en el corazón.

En los agitados sueños de Arthur Ghukassian no faltan las caras de todos aquellos a los que no ha visto nunca, pero reconoce. Ellos le aseguran que vendrá el día esperado por él y por sus compatriotas, cuando la humanidad entera recordará con él a todos los caídos del Genocidio armenio y él les cree. Cree sin duda, y con esperanza, que llegará ese momento. Y yo estoy con él y con todos los armenios allá donde se hallen. Una causa justa que nos tiene que servir a todos de lección. Gracias Arthur, un hombre justo que no quiere olvidar a sus hermanos y hermanas de sangre.

Mi total apoyo

Juan Merelo-Barbera Gabriel

Viernes, 24 de abril de 2015

Mi querido amigo Arthur:

Con esta carta de presentación quiero expresar mi total apoyo a tu proyecto para la edición de un libro sobre el centenario del Genocidio armenio, en base a la recopilación de artículos que has logrado reunir en memoria de los dos millones de víctimas de aquella tremenda tragedia; un exterminio planificado para acabar con un pueblo y una nación, y que, para la historia del derecho, constituye el antecedente utilizado por el jurista polaco Rafel Lemkin al dar nombre de Genocidio a la Shoa, el crimen internacional que hasta entonces estaba «sin nombre», en palabras de Winston Churchill.

Mi apoyo es como profesor universitario de Filosofía del Derecho en la Universidad de Barcelona y como abogado y jurista con alguna práctica ante las jurisdicciones internacionales, porque los procesos por crímenes internacionales que sucedieron a los largo del siglo xx, desgraciadamente continúan sucediendo en el xxi.

Como profesor universitario, porque creo en la fuerza estigmatizadora de las palabras, en la tipificación de los delitos universales y en el reconocimiento internacional de las situaciones que contribuyen a despertar conciencias. Por ahí pasa la prevención contra los delitos internacionales, instrumentalizando el derecho e informando a las generaciones futuras de las trágicas consecuencias que a veces el lado más oscuro de la humanidad nos trae.

Poner nombre jurídico —Genocidio— a la masacre cometida en 1915, comporta el reconocimiento internacional de la dolorosa memoria histórica de todo un pueblo, lo que por sí mismo constituye un valor colectivo que el derecho debe proteger. Vosotros, los descendientes de la diáspora, seguís con el mismo horror ante lo sucedido recordando el silencio internacional de entonces que lo permitió. El deber de solicitar que el derecho internacional os ampare es de carácter ético y universal, y por ello es necesario que este reconocimiento se sitúe por encima de otras consideraciones políticas. Se trata de la dignidad de los pueblos, lo que, en definitiva, es parte esencial de la dignidad de todos y cada uno de nosotros.

Ya como abogado, sólo decirte que las causas justas y universales —en el sentido de implicar, con el señalamiento del mal, la prevención contra la reiteración de este mal—, son siempre las más arduas de conseguir. El primer paso es dar a conocer la existencia de una memoria del pueblo armenio, denunciar lo ocurrido y exigir que aquella tragedia sea asumida por la comunidad internacional, con etiqueta del concepto jurídico que hoy se aplicaría a cualquier acto impulsado por una voluntad de exterminar a una parte de la humanidad.

Querido Arthur, es gracias a vosotros, a este primer paso de vuestra permanente denuncia, al que debemos muchos juristas haber tomado conocimiento de aquella tragedia histórica. Entre tantos poderes terrenales, los pueblos son más vulnerables de lo que parecen, y el deber del derecho internacional es evitar la repetición de los exterminios. Gracias a periodistas como tú hemos sido informados y continuamos involucrados en esta causa universal. Porque, para quienes creemos en la necesidad de regular con unos principios básicos la convivencia entre los pueblos, es de vuestra dolorosa experiencia de donde extraemos los verdaderos antídotos contra un presente que continúa amenazante.

Juan MERELO-BARBERA GABRIEL
Presidente de la Comisión Justicia Penal Internacional del
Colegio de Abogados de Barcelona
Profesor de Filosofía del Derecho, Universidad de Barcelona

Artículos

Es la hora del reconocimiento del Genocidio armenio

Arthur Ghukasian

«Después de las masacres, el patriarca Zaven de la iglesia armenia en Constantinopla recibe a uno de nuestros sacerdotes de Cesaria, apareciéndo ante el arzobispo con sus ropas hechas jirones y un montón de heridas, diciendo: "Dame tu bendición, he tenido 150 compatriotas en mi parroquia y les masacraron a todos; he podido llegar hasta usted, mi santo padre, antes de emprender mi viaje a Europa y contar mis lamentos al mundo entero, deme sus bendiciones y yo me iré a continuar mi camino". Entonces, el patriarca ayuda al sacerdote para que se levante y por su parte, se arrodilla ante él. Se arrodilla y le dice: "¡Qué me bendigas tú, padre! Perdí a un millón y medio de hijos y no sé con qué palabras expresar mis lamentaciones!"».

El episodio no es de una obra teatral, ni mucho menos de un cuento de hadas. Es el fin de una historia trágica, sucedida en 1915 y llevada a cabo por los jóvenes turcos.

Una nación entera fue deportada de su tierra natal de Erzurum, Van, Bitlis, Diyarbakir, Sivas de la Armenia Occidental y de otras provincias del Imperio otomano. En algunos pueblos, como el del sacerdote, aniquilaban a la gente inmediatamente en los lugares donde vivían, ejecutando al pie de la letra la orden de Talat, el ministro de interior y uno de los principales dirigentes del Estado, que decía: «Maten cada mujer, niño y hombre armenio sin ninguna contemplación». No sé, sí pudo el cura de Cilicia llegar hasta Europa y qué ha contado exactamente, si le han hecho caso alguno, pero años después, en un discurso suyo, datado el 22 de agosto de 1939, Adolf Hitler, de la Alemania europea, pronunciará en voz alta:

> He dado orden a mis Unidades de la Muerte de exterminar a todas las mujeres, hombres y niños de raza polaca. Sólo de esta manera

podemos conseguir el territorio vital que necesitamos. Después de todo, ¿quién recuerda hoy el exterminio de los armenios?

Pareciera que no solo europeos, sino todo el mundo, quisiera olvidar de una vez para siempre los hechos criminales del gobierno turco. Sin embargo, los recuerdos estaban profundamente grabados en las memorias del sacerdote y de otros tantos que, de milagro, pudieron escapar de las continuas matanzas. La voluntad en recordar los trágicos acontecimientos que vivió todo un pueblo, se convierte en el motivo principal para la reunión de las fuerzas que le quedaban y la lucha continúa por el reconocimiento de un aterrador crimen contra la humanidad.

Hoy en día, gracias a este movimiento de la tercera generación de los sobrevivientes, esparcido por el planeta, el Genocidio armenio ha sido condenado por el parlamento de aquella Europa a la que pensaba dirigirse el padre de la Iglesia armenia, cuando pedía la bendición del patriarca. El Europarlamento, sí. Y los países europeos, tales como Francia, Bélgica, Grecia, Italia, Lituania, Holanda, Polonia, Rusia, Suecia, Suiza, también admitieron aquello que no puede ya ocultarse. Pero... no España. Entre los que llamaron a las cosas por su nombre fue Uruguay el primero, un país de habla hispana. Sin embargo, España, en este caso, se llama al silencio. Aquí, las masacres de principios del siglo pasado fueron reconocidas como genocidio por el País Vasco, Navarra, Baleares y Cataluña. Un caso similar al de Estados Unidos, donde 42 de 50 estados (Alaska, California, Florida, Washington, etc.) lo reconocieron de modo individual. Pero tanto en Estados Unidos, como en España o Alemania hay un rechazo por parte de sus gobernantes al uso de un término: *genocidio*. La misma palabra les provoca una especie de incomodidad. Creada por Rafael Lämkin, un jurista polaco de origen judío, esta expresión contiene dos raíces: *genos,* término griego con la significación de «familia, tribu o raza» y *cidio,* del latín, forma combinatoria de *caedere,* «matar». Pero ¿por qué y cómo nació de repente esta definición? En 1921, cuando Radael era todavía un estudiante de 21 años de edad, leyó en un periódico la noticia del asesinato de Talat por mano de Soghomón Tehlerián, un joven armenio, cuya familia ha sido, entre tantos, la víctima de las indescriptibles matanzas. «¿Es un crimen que Tehlirian mate a un hombre, pero no que su opresor mate a más de un millón? Es totalmente contradictorio», dijo durante una discusión en la Universidad. De allí nació su concepto:

> El genocidio es un delito internacional que comprende cualquiera de los actos perpetrados con la intención de destruir, total o parcialmente, a un grupo nacional, étnico racial o religioso como tal.

En la Convención para la Prevención y la Sanción del Delito de Genocidio, adoptada por la Asamblea General de las Naciones Unidas en 9 de diciembre de 1948, como crimen del genocidio se entiende: la matanza de miembros del grupo; lesión grave a la integridad física o mental de los miembros del grupo; sometimiento internacional del grupo a condiciones de existencia que hayan de acarrear su destrucción física, total o parcial; medidas destinadas a impedir nacimientos en el seno del grupo; traslado por la fuerza de niños del grupo a otro grupo.

Cada uno de los puntos indicados arriba corresponde a la situación del exterminio del pueblo de la Armenia Occidental, cuyas provincias fueron totalmente vaciadas de sus poblaciones indígenas. En esta ocasión, el crimen cometido por orden de los gobernantes turcos es más que un genocidio, porque los que pudieron salvarse, perdieron de todos modos, junto con sus bienes, su patria, y casi ocho millones de descendientes de origen armenio viven actualmente fuera de su tierra natal. Ellos son los que tienen el mandato de sus abuelos de no callar y no han dejado en todo este tiempo de llamar a la conciencia de los seres humanos de todo el mundo.

Se enfrentan a muchas dificultades, pero no hay lugar para decepciones; el tiempo, tarde o temprano, les dará la razón. Se tarda, porque hay intereses de los estados y por muchos otros factores de las relaciones políticas, entre ellos en España, donde se ha dado el impulso para que las relaciones turco-españolas sean incluso muy estrechas gracias a la Alianza de Civilizaciones. Nada de esto es malo; por el contrario, está muy bien. Con la misma razón, en un mundo civilizado en su tercer milenio, deben tomarse las decisiones necesarias sobre las faltas y crímenes aberrantes, cometidas por la voluntad de unos bárbaros en el poder. Esto se exigía también en una moción presentada a la Comisión de Asuntos Exteriores del Congreso español: que los hechos entre 1915 y 1923 son un crimen contra la humanidad y que, además de España, sean reconocidos por parte de Turquía, como «… un gesto de concordia con Armenia y de buena voluntad en las relaciones regionales, en el marco de la Alianza de Civilizaciones». El parlamento rechazó la propuesta, pero el intento negado no puede considerarse como un fallo general. Si la aniquilación del pueblo armenio como programa abrió el camino para el Holocausto judío y las demás atrocidades contra otros pueblos, llegando con el mismo camino hasta el de Darfur, es porque en su hora y hasta nuestros tiempos, el delito de 1915 no recibió su condena por parte de la comunidad internacional. Cada año, empezando por Turquía, se amplía el circulo de personas que no tienen ya duda alguna sobre el Genocidio armenio, y muchos son los que no pierden sus esperanzas en que la mayoría de los diputados españoles también unirán sus votos con los de sus compañeros de otros países y de toda la humanidad progresista que exige el reconocimiento de la terrible tragedia.

CUANDO LA REALIDAD ALCANZA LA FICCIÓN

Freddy D. Astorga

Quiero llevarlos a una pequeña reflexión después de cien años de un hecho que aún causa controversia y levanta escudos de excusas y justificaciones a su alrededor.

Para nosotros, los escritores noveles, es común sitiarnos en el tiempo donde la realidad se detiene y las palabras fluyen para contar una historia que acontece en algún lugar de la imaginación. Aun cuando el relato tratara de alguna experiencia de la vida real, las palabras lo hace parecer como si estuviéramos contando una leyenda o un suceso que solo es factible en los libros.

Ya sea de romances o dramas, suspenso o aventuras, las frases construyen un mundo al cual el lector accede desde la imaginación y es por ello que lo llamamos ficción. Pero también usamos ese término cuando algo es extremadamente lejano o imposible de suceder o de haber sucedido. Tierras fantásticas, seres interespaciales, viajes cósmicos y criaturas nunca vistas conforman habitualmente esa realidad ficticia. Exponentes hay muchos en torno a estos temas y en no pocos casos la realidad parece alcanzar a la ficción y ya no nos sorprenden los viajes al espacio, las naves submarinas o los robots autónomos.

Lamentablemente, tampoco nos van sorprendiendo los rumores de guerras, estallidos de bombas, asesinatos y situaciones que pasan en la vida diaria, a la cual nos habituamos y decidimos alojar en nuestra vida como algo *normal*. Pero lo más dañino es negar que estas cosas pasen en nuestras sociedades o que sucedieran en el pasado de nuestra historia. Por eso cuando se menciona la palabra *genocidio* u *holocausto*, nuestra memoria se limita a recordar lo ocurrido en los años de la segunda guerra mundial y en particular al pueblo judío. Pero no está almacenado en nuestra memoria nada que nos hable del Genocidio armenio acontecido a inicios del siglo xx. Es como si esos hechos nunca hubieran sucedido o que se tratara de alguna situación menor y de poca importancia.

Por eso, lo invito en esta reflexión a dar una mirada a ese evento y sembrar en usted, lector, el interés por conocer más de él. Deseo motivarlo a excavar en los rincones de nuestra historia mundial y aprovechar la tecnología que hoy nos permite traer a nuestra vida información que parece perdida en el tiempo. En el año 1915, una decisión política, religiosa o quizás hasta personal de un gobernante, selló el destino de miles de armenios que debieron enfrentar cara a cara a la muerte por el sólo hecho de pertenecer a un pueblo diferente. Fueron obligados a dejar atrás su vida, obligados a caminar por la cuerda floja del destino, directos a una muerte segura.

Si dijésemos que el Genocidio armenio nunca ha sucedido y que lo que se ha dicho no tiene la gravedad como para tildarlo de genocidio, lo trasladaríamos al plano de la ficción y todas las imágenes, los relatos, las experiencias y las consecuencias de lo acontecido se desvanecerían hasta convertirse en polvo que se lleva el viento. Pero la ficción esta vez es alcanzada por la realidad y lo que se ha intentado ocultar, minimizar y olvidar, sigue estando marcado en los calendarios de los descendientes de quienes lograron sobrevivir.

No intento levantar un tribunal de juicio, ni señalar con el dedo a los responsables, ya que en cada región y en cada país hemos vivido hechos de violencia, golpes de Estado, matanzas y guerras que nos han marcado. Sólo intento decirle que no volvamos ficción una realidad y que no olvidemos las historias que nos han marcado como sociedad. Pero con mayor fuerza, quiero decir a los líderes que tengan el valor y la enterza de pedir perdón; aunque no hayan sido ellos, los actuales líderes de las naciones, los responsables de lo sucedido.

Ojalá nuestros gobernantes pudieran pedir perdón por lo que hicieron otros antes que ellos y al mismo tiempo, nosotros los ciudadanos del mundo, pedir perdón por permitir que haya quedado en el olvido ese acto contra la humanidad. No importa quién haya sido el responsable final de toda la situación armenia, no se necesitan justificaciones para lo injustificable. Sólo lo invito, querido lector, a conocer, a reflexionar y a perdonar; porque sólo a través de esos actos nos hacemos más grandes, mejores personas y sanamos nuestra tierra, nuestra nación y nuestro espíritu.

Carta abierta al secretario general de la ONU sobre el centenario del Genocidio armenio

G. H. Guarch

Señor secretario general:

Si me lo permite le expondré mi criterio sobre la cuestión armenia. Comenzaré por algo obvio. En la actualidad, Turquía es un gran país y los turcos personas que luchan por su lugar en la vida como todos los demás seres humanos. A pesar de ello, aun hoy, el Gobierno de Turquía sigue empeñándose en no reconocer el Genocidio armenio, en negarlo, sin comprender que ese paso podría significar una catarsis nacional que le ayudaría en su transformación en una nación europea y moderna.

Es evidente que existe una cuenta pendiente que Turquía tendrá que saldar si quiere ser el país que podría llegar a ser. Esa cuenta se llama la *cuestión armenia* y quiero demostrarle que es importante para los armenios y para todo el mundo. Creo, con el profesor Ohanian, que la Cuestión armenia y dentro de ella el Genocidio armenio, no solo se trata de una cuestión local y nacional, sino que tiene vinculación con la paz de Europa y que de su solución dependerá la pacificación, progreso y prosperidad del Próximo Oriente. En la vida es más fácil inclinarse ante los fuertes, aunque la razón no les asista, pero sabe usted muy bien que si los fuertes actuaran en conciencia, el mundo sería muy diferente. Hablemos, pues, de ello, sin perder de vista lo esencial.

Si no le importa comenzaré por el principio, por la propia definición de genocidio. Como sabe, la palabra *genocidio* fue creada por el jurista judío polaco Raphäel Lemkin en 1944, basándose en la raíz *genos,* en griego, «familia, tribu o raza», y *cidio,* del latín *caedere*, «matar». Lemkin quería referirse con este término a las matanzas por motivos raciales, nacionales o religiosos. Su estudio se basó precisamente en el genocidio perpetrado por el Imperio otomano contra el pueblo armenio en 1915. Lemkin luchó eficazmente para que las normas internacionales definiesen y prohibiesen el genocidio. Tiene, por tanto, el profundo reconocimiento de la humanidad por su aportación y aclaración de un concepto fundamental para la justicia.

Intentaré, pues, centrar el tema jurídicamente. Perdonará la densidad conceptual, pero me gustaría remarcar algunos puntos importantes. Según la Convención para la prevención y la sanción del delito de genocidio de 1948 y el Estatuto de Roma de la Corte Penal Internacional de 1998, se entenderá por genocidio cualquiera de los actos perpetrados con la intención de destruir, total o parcialmente, a un grupo nacional, étnico, racial o religioso como tal, la matanza de miembros del grupo, la lesión grave a la integridad física o mental de los miembros del grupo, el sometimiento intencional del grupo a condiciones de existencia que hayan de acarrear su destrucción física, total o parcial, las medidas destinadas a impedir nacimientos en el seno del grupo y el traslado por la fuerza de niños del grupo a otro grupo. Con ello queda definido el marco jurídico legal y penal, a nivel internacional. Lo que los turcos otomanos cometieron contra los ciudadanos otomanos, por el hecho de ser armenios y cristianos, fue un genocidio. Un crimen de lesa humanidad regulado por la Convención sobre la imprescriptibilidad de los crímenes de guerra y los crímenes de lesa humanidad de 26 de noviembre de 1968. Por tanto, sigue ahí, totalmente vigente, intacto, imprescriptible. Aunque no lo acepte ni lo reconozca, el Gobierno turco sabe muy bien que tiene encima su propia espada de Damocles.

El Parlamento Europeo, en su sesión del 14 de noviembre de 2000, instó al Gobierno turco a reconocer el Genocidio armenio. Posteriormente, el Parlamento francés, probablemente la nación que más ha hecho por Armenia y por los armenios, el 18 de enero de 2001 aprobó por unanimidad la ley que condena al Genocidio armenio. En la actualidad, la Corte Penal Internacional es el instrumento del que la comunidad de naciones se ha dotado para intentar evitar que vuelvan a suceder hechos semejantes. A lo anterior respondió el Gobierno turco con un decreto el 14 de abril de 2003, del Ministerio Turco de Educación Nacional, enviando un documento a los directores de los centros escolares, en los cuales se obligaba a los alumnos a negar la exterminación de las minorías y fundamentalmente la de los armenios. Sin comentarios.

Si me lo permite, le haré ahora un breve resumen histórico de cuál era la situación en la que se fundó la República de Armenia, desde unos territorios que ancestralmente eran armenios; por cierto, de entre los más antiguos cristianos, por dejarlo claro, poblados por gentes cristianas que hablaban armenio, que habitaban poblaciones construidas por armenios, con la arquitectura tradicional armenia, en las que se enseñaba el armenio, existían bibliotecas de libros armenios, donde se pensaba, se soñaba y se moría en armenio. Allí, en 1915, comenzaron, mejor dicho prosiguieron, pues no era la primera vez que sucedían, las matanzas, las deportaciones, las violaciones, la aniquilación integral de una cultura, los saqueos, la apropiación indebida, la usurpación de una realidad existente. Todo. En realidad podríamos definirlo como el paradigma de un genocidio. El empeño de borrar definitivamente al *otro*. Por eso Lemkin creó esa palabra fundamental.

La forma, por tanto, de vacunarnos contra la injusticia, la falta de ética y la inmoralidad de algunos políticos, es recordando permanentemente a las víctimas de los mismos, intentando evitar que la memoria del primer genocidio del siglo xx desaparezca en el olvido de las nuevas generaciones. Los armenios no han querido olvidar nunca lo que ocurrió entre 1915 y 1916, el terrible genocidio al que los turcos —de entonces— sometieron a esa minoría cristiana que estorbaba a sus afanes de «turquificar» el Imperio otomano poco antes de su inevitable disgregación. Como durante cien años hasta la fecha, en abril de 2015, se celebró la conmemoración del Centenario de este Genocidio.

En el río revuelto de la primera gran guerra mundial, unos cuantos políticos ambiciosos y corruptos entendieron que la mejor forma de conseguir la homogeneización, que creían el mejor camino para sus fines, era eliminar a las minorías, y fundamentalmente a las que les plantaban cara por su importancia cultural, económica y sobre todo, por el contraste que una cultura cristiana tenía dentro de un imperio islámico regido por un sultán, que además ostentaba el título de califa, es decir, jefe espiritual musulmán de ese Imperio.

Señor secretario general: como sabe usted muy bien, cerca de dos millones de armenios desaparecieron en una acción implacable, injustificable de aquel Gobierno otomano. Se quiso borrar la huella de una importantísima minoría, y para ello se emplearon métodos y sistemas que posteriormente sirvieron en otros lugares del mundo, en otros países, por su mortal eficacia. Fue precisamente en la Armenia turca donde se utilizó la expresión «Solución final» y otra de igual calibre, «Espacio vital» o «Lebensraum».

Pascual Ohanian ha dicho con clarividencia:

> El genocidio es un acto de máxima agresión de un Estado contra los derechos de un grupo social con intereses propios. Acto que está inscripto en las académicas y graves páginas de la Historia. Por su naturaleza humana, se premedita, ocurre en un lugar determinado y en la planificación y ejecución participan individuos que observan, piensan, hablan y viajan. Esa urdimbre de visiones, pensamientos, palabras y tránsitos acrecienta la dimensión del acto criminal, cuyo alcance llega a dañar a las personas y a la paz no solamente de un grupo social restringido sino a la de toda la humanidad en medio de la cual estamos nosotros. Nadie es ajeno al genocidio que sufra cualquier pueblo.

El Genocidio de Armenia abrió la puerta a otros genocidios del siglo XX, un siglo que se recordará como una de las etapas más oscuras de la historia de la humanidad, en la que el hombre era un lobo para el hombre. Por eso, lo que ocurrió en Armenia tiene una enorme importancia y no debemos olvidarlo; muy al contrario, investigar cuáles fueron los motivos, las justificaciones, las filosofías y las políticas que se dieron para que tal hecho ocurriera. ¿Cómo podría quedar impune algo semejante?

Si me lo permite, procederé a detallarle un resumen de los hechos que condujeron a la situación actual *de facto*. Al finalizar la Gran Guerra, es decir la primera guerra mundial, la derrota del Imperio otomano llevó a la disgregación del Imperio, lo que significó el levantamiento de los nacionalistas turcos y el inicio de la llamada guerra de Independencia Turca. En respuesta bélica al Tratado de Sèvres, (por cierto, un tratado aceptado por el sultán y por el Gobierno otomano), los nacionalistas turcos liderados por Mustafá Kemal se levantaron tomando el poder, combatiendo contra griegos y armenios, atacaron la parte de los territorios asignados y controlados por Armenia, logrando mantener la posesión de toda Anatolia y parte de la Tracia oriental, liquidando las zonas de influencia de Francia e Italia según Sèvres. De este modo, Armenia, que recibió una mínima aunque interesada ayuda de los británicos, se vio atacada al mismo tiempo por Azerbaiyán, gobernada por los comunistas, y en junio de 1920, prácticamente aniquilada y exhausta, se vio obligada a firmar una tregua para poder atender al frente turco. En julio, los turcos apoyaron la toma del poder por los comunistas en Najichevan, donde se formó una República soviética. Preferían eso a que los armenios se hicieran allí con el poder. Más tarde, Armenia sufrió la invasión soviética desde Azerbaiyán, que había sido invadida por los bolcheviques en 1920. En septiembre de ese mismo año, Armenia se encontraba arruinada, acosada, desfallecida, sin armamento adecuado, sin tropas suficientes, con los supervivientes al borde de la inanición, viéndose obligada a ceder Zangechur y Nagorno-Karabagh, así como el Gobierno de Najichevan. La guerra siguió contra Turquía, que prosiguió su avance. En noviembre, los turcos tomaron Alexandropol y en diciembre de 1920, se firmó la paz en virtud de la cual Armenia renunciaba a todos los distritos de Asia Menor que antes de la guerra habían sido turcos, así como a Kars y Ardahan, reconociendo además la independencia de Najicheván.

El Tratado de Kars, de octubre de 1921, definió la división del antiguo distrito ruso-armenio de Batum. La parte norte, incluyendo el puerto de Batum, fue cedida por Turquía a Georgia. La parte sur, incluyendo Artvin, se adjudicaría a Turquía. Se acordó que a la parte del norte se le concedería autonomía dentro de la Georgia soviética. Como usted comprenderá, señor secretario general, dicha partición no se acordó con los armenios, a los que ni siquiera se consultó. Los turcos no aceptaban que los armenios tuvieran acceso al mar, ni en ese puerto, ni en ninguno. El acuerdo también creó una nueva frontera entre Turquía y la Armenia Soviética, definida por los ríos Akhurian y Aras. Los soviéticos cedieron a Turquía la mayor parte del antiguo Óblast de Kars del antiguo Imperio ruso, incluyendo las ciudades de Igdir, Koghb, Kars, Ardahan, Olti, las ruinas de Ani, así como el lago Cildir, que incluía la antigua gobernación de Erevan comprendida entre el río Aras y el Monte Ararat. Todo ello demuestra que los armenios no pintaban nada en todo el asunto. Dicho de otro modo, no se les permitió intervenir en su propio futuro. Eso no es algo nuevo en la historia. Por estas concesiones, Turquía se retiró de la provincia de Shirak en la actual Armenia, que ganó Zangezur, la parte occidental de Qazakh y Daralagez, en Azerbaiyán. El tratado también incluyó la creación de Najichevan. Al año siguiente, las naciones de la Transcaucasia fueron convertidas en la República Federal Socialista Soviética de Transcaucasia y anexionadas a la Unión Soviética, sin posibilidad de evitarlo por parte de Armenia, que no tuvo arte ni parte en la elección de su propio destino.

Si usted me lo permite, señor secretario general, todo ello significó un verdadero desastre para los armenios que no pudieron protestar ni negarse, ya que en aquellos momentos su situación límite no se lo permitía. Al menos se habían rescatado Ereván y Echmiadzin, como bien se dice, la cabeza y el alma de la patria armenia, sin querer olvidar ni hacer de menos a ninguna de las otras provincias. Pero lo que desde entonces los armenios reclaman es el resto del cuerpo armenio. Ya hemos explicado que, entre unos y otros, se apropiaron gran parte de lo que era la Armenia histórica mediante la fuerza, la violencia, el saqueo y las artimañas diplomáticas. Estará usted conmigo, señor secretario general, que entonces, ni los británicos, ni mucho menos los turcos de Kemal Ataturk, ni los otros actores del tratado, tenían capacidad legal ni estaban autorizados a actuar en nombre de Armenia, como antes tampoco podían hacerlo los alemanes y los rusos. Digamos que Armenia se transformó en una excusa, en un mero artificio y su nombre se utilizó por terceros interesados, llevándose a cabo un enorme fraude de ley que sigue ahí vigente aguardando su reparación histórica.

Como conoce usted muy bien, el 24 de julio de 1923 se firmó el Tratado de Lausana, al que podríamos definir como un tratado-parche, que solo afectó a determinados aspectos del Tratado de Sèvres. Me permitirá si literariamente defino a este como un tratado tan frágil como la porcelana. Por centrar el tema a nivel conceptual, Sèvres se refiere en sí mismo a la Gran Guerra, mientras Lausana, a lo que concierne a las acciones ocurridas posteriormente hasta finales de 1922. En Sèvres se encuentran por un lado los Aliados y por el otro Turquía, con la pretensión —solo la pretensión— de dar por finalizada la Gran Guerra y reemplazarla por una paz justa y duradera, a cualquier costo. Lausana se refiere en concreto y claramente, a la suspensión de los actos armados de los kemalistas que violaron el armisticio de Mudros. Supuestamente, Armenia fue la gran perdedora, ya que no se le permitió participar.

Hay algo fundamental que me gustaría remarcarle, señor secretario general: si la República de Armenia no participó de la conferencia de Lausana ni firmó el tratado, eso significa que no se creó ninguna obligación jurídica para ella. Ahora bien: Lausana no hace mención alguna acerca de la caducidad del Tratado de Sèvres, que a todos los efectos sigue siendo un documento absolutamente vigente en el derecho internacional, y las obligaciones de Turquía surgen de la sentencia arbitral contenida en el Tratado de Sèvres, formulada por el presidente Woodrow Wilson. El Tratado de Lausana no hace ninguna mención de Armenia, aunque sí se refiere a las minorías no musulmanas de Turquía y la conformación legal del territorio de la República al crearse Turquía a partir del Imperio otomano. En el primer párrafo se menciona:

> Turquía renuncia a todos los títulos y derechos relativos a todos aquellos territorios e islas que se encuentran fuera de los límites fijados por este tratado, salvo aquellos por los cuales se ha reconocido su soberanía. El futuro de esas islas y territorios lo resuelven o lo resolverán las partes interesadas.

Como mantienen los expertos internacionales en el tema, el único límite que no fue tratado fue la frontera armenio-turca, por lo que podemos afirmar que, en derecho, las fronteras de Armenia siguen siendo las fijadas en Sèvres. La llamada Armenia Wilsoniana.

Por ello, sería muy importante que todos supieran lo que allí sucedió una vez y por qué los armenios no consiguieron sus expectativas históricas. ¿Por qué Najichevan, el Karabagh, Kars, Trebisonda, Van, Erzerum, y otros lugares que siempre habían sido parte de la Armenia histórica no forman parte actual de Armenia? Le diré algo, señor secretario general: tengo la certeza de que, en el futuro, todo ello se dilucidará en las Naciones Unidas. No existe otra posibilidad. Contra lo que pudiera parecer, la historia es siempre un libro abierto, nunca cerrado, aunque algunos se empeñen en lo contrario. Por eso, la labor de historiadores y escritores como Pascual Ohanian, Vahakn Dadrian, Yves Ternon, Johannes Lepsius, Varoujan Attarian, Jacques Derogy, Ashot Artzruní, Haik Ghazarian, Henri Verneuil, Nikolay Hovhannisyan, Rouben Galichian, Béatrice Favre y podría mencionarle muchos otros, es tan importante, y no solo para los armenios. Lo que está en juego es, nada más y nada menos, que la credibilidad de las propias Naciones Unidas y por tanto de las reglas del juego que los seres humanos nos hemos dado para resolver estos conflictos de una manera civilizada y culta.

Lo que voy a decirle, lo sabe usted muy bien. A la pregunta que usted podría hacerse acerca de si mantener la memoria viva serviría de algo, no tengo la menor duda sobre ello. ¿Cuál sería la alternativa? No hay alternativa posible. Tenga la absoluta certeza de que entre todos, los armenios de una parte, y los amigos de la verdad y la justicia de otra, estamos construyendo una base de pensamiento moral que preservará para siempre esa memoria.

Y además, hay algo muy importante: la tozuda realidad. Con lo que no contaron los perpetradores fue con la proverbial memoria de los armenios. Eso no lo van a olvidar nunca. Nunca. Si el mundo del futuro aspira a tener unos cimientos sólidos basados en la justicia, tendrá que poner el genocidio armenio sobre la mesa previamente a cualquier tratado, acuerdo, convenio, propuesta o iniciativa internacional con Turquía. Se trata de una cuestión IMPRESCRIPTIBLE.

Señor secretario general: en Turquía, en Anatolia, en lo que fue un día el reino histórico de Armenia, quedan miles de vestigios de aquella cultura, de una forma de vida, de una civilización cristiana, con las ruinas de centenares de iglesias y ermitas, estelas de piedra rotas y enterradas que marcaban los cruces de los caminos; no importa que los historiadores lo recojan minuciosamente, que gran parte de Anatolia, en realidad desde la costa mediterránea de Asia Menor hasta las agrestes montañas del Cáucaso, estén repletas de símbolos y piedras grabadas con escritura armenia, con las pruebas físicas de una presencia cuya ausencia la hace más evidente. Todo ello demuestra que, en un tiempo, aquel lugar fue muy diferente, por mucho que se empeñen en ocultarlo, en arrasarlo y en decir que todo es falso, que no hubo tal genocidio, que Armenia no existió, que apenas fue una pequeña comunidad. Pero sabe usted bien que las piedras son muy tozudas y que al final la historia pone a cada uno en su lugar.

Los armenios, ya sean de la Republica de Armenia o en muchos casos ciudadanos de derecho de otros países, aunque de corazón siguen perteneciendo a Armenia, a la Armenia de siempre que sigue estando ahí, aguardan el día de ese reconocimiento con impaciencia y con la certeza de que llegará, como un acto de justicia, que cierre definitivamente las heridas abiertas hace ahora ya cien años. Los armenios tienen buena memoria, pero sobre todo poseen una enorme dignidad y no han querido olvidar nunca lo que ocurrió durante 1915–1916.

Por ello, señor secretario general, es tan importante el centenario de este Genocidio que intenta evitar que la memoria del primer genocidio del siglo xx, desaparezca en el olvido. En efecto, la única manera de prevenir que sucesos tan atroces puedan volver a suceder es no olvidarlos nunca, para que las nuevas generaciones sepan que sucesos tan increíbles y espantosos no son leyendas ni patrañas, sino hechos espantosos y trágicos que sucedieron realmente. Como conoce usted muy bien, señor secretario general, la única manera de vacunarnos contra la injusticia, es recordando permanentemente.

Gracias por su atención en nombre de las víctimas.

G. H. GUARCH

El Genocidio armenio, desde perspectivas nacionalistas y patrióticas

Juan Merelo-Barbera Gabriel

La primera vez que supe de Armenia fue de niño, descubriendo el lado oscuro de la historia[1] mientras hojeaba el *Apéndice 1954* de la *Enciclopedia Espasa,* intrigado por la fotografía de unos crucificados en el desierto que alguien me había mostrado antes como si fuera un cromo. Bajo el título «Matanzas de Armenia», la vieja *Espasa* no reproducía esta foto y solo decía que se aplicaba este nombre «[...] a las tropelías y fechorías cometidas por los turcos contra los armenios desde 1885». Aquellas primeras «tropelías», añadía el texto, «[...] habían merecido escasos reproches de la sociedad internacional». Por entonces, ni los volúmenes principales, ni los apéndices que actualizaban la enciclopedia, incluían todavía la voz *genocidio*[2], aunque desde 1948 existiera ya la Convención para la Prevención y la Sanción del Delito de Genocidio, que introdujo en el ordenamiento jurídico internacional de la ONU el concepto de jurisdicción penal de carácter universal e imprescriptible, que otorga a cualquier Estado la legitimación para la persecución y el enjuiciamiento de este tipo delictivo internacional[3].

El 24 de abril de 1915, el nacionalismo patriótico turco proclamó la ofensiva contra el supuesto enemigo interior, el nacionalismo cristiano y sin Estado, que habitaba en el territorio otomano, sobre todo en Anatolia oriental. Las «tropelías» del pasado habían terminado,

---

[1] Permítaseme parafrasear el título del libro de Michael Mann, *El lado oscuro de la democracia,* Universidad de Valencia, 2009, al que este artículo debe buena parte de datos y reflexiones.
[2] Se recogía el término *genocidiario*, aunque solo como «género de equinodermos».
[3] La jurisdicción universal se distingue de la internacional, en que ésta es la que aplican las instituciones judiciales internacionales, desde el tribunal de Nuremberg hasta la Corte Penal Internacional, mientras que la universal es la aplicada por los Estados en virtud del derecho internacional.

orientadas por voluntad política de los vencedores de Gallipoli[4], hacia la ejecución sistemática de armenios de entre 20 y 45 años, enrolados en el ejército, aunque sin armas, con la excusa de la guerra, y la deportación de mujeres, niños y ancianos en caravanas con destino a la muerte en los desiertos de Mesopotamia y Siria. El resultado final, aproximadamente un millón ococientos mil armenios exterminados.

Si bien las matanzas se venían produciendo desde siglos antes, los juristas consideran perpetrado el genocidio a partir del pre-ordenamiento del exterminio entre 1915 y 1923. Estas fechas constituyen un obstáculo para que las jurisdicciones penales locales o internacionales acojan el reconocimiento del Genocidio armenio mediante una sentencia judicial penal, porque los responsables contra quien dirigir la acción penal dejaron esta existencia.

De hecho, inmediatamente después de la primera guerra mundial, el gobierno, todavía otomano, sabía que debía mostrar al mundo su determinación de castigar a los Jóvenes Turcos por la masacre armenia y llegaron a ejecutar algunas penas capitales, pero los principales arquitectos del genocidio se encontraban huidos.

Hubo, sin embargo, oportunidad de enjuiciar a los mandos. Si finalizado el conflicto internacional hubiera sido ratificada la firma previa del Imperio otomano al Tratado de Paz de Sevres de 1920, que ponía fin a la Gran Guerra. Como dice Alfred de Zayas[5],

> This Treaty contained not only a commitment to try Turkish officials for war crimes committed by Ottoman Turkey against Allied nationals, but also for crimes committed by Turkish authorities against subjects of the Ottoman Empire of different ethnic origin, in particular the Armenians [...][6] (Alfred De Zayas, 2010: 26-27).

---

4 En Gallipoli, franceses, británicos, australianos y neozelandeses intentaron liberar la vía al mar que facilitaba el abastecimiento a Rusia, pero el ejército turco consiguió repeler la invasión.
5 Alfred De Zayas, J. D. (2010): *The Genocide against the Armenien 195-1923 and the relevance of the 1948 Genocide Convention*. Haigazian University, Beirut, 108 pp.
6 Este tratado no sólo contenía un compromiso de juzgar a los oficiales turcos por crímenes de guerra cometidos por la Turquía otomana contra las naciones aliadas, sino también por los crímenes cometidos por las autoridades turcas contra los súb-

El Tratado de Sevres quedó invalidado por el Tratado de Lausanne de 1923, firmado y ratificado por el nuevo Estado de la República de Turquía, posiblemente ante la consolidación de República soviética y la amenaza que podía representar para las fronteras europeas.

Pero cien años después, cada 25 de abril, sobre todo los hijos de la diáspora armenia, continúan con el lamento de su historia por la impunidad del crimen cometido contra su pueblo.

La prevención de los delitos es tarea que ha de acometerse desde el derecho, que ha de imponer las normas que han de regir la conducta humana. Poner nombre a los delitos y especificar los elementos que lo definen forma parte de esta tarea. En el caso de Armenia y en el campo de la justicia penal internacional, singularmente porque fue el jurista Rafael Lemkin, en *El dominio del Eje en la Europa ocupada,* publicado en Estados Unidos en 1944, quien dio nombre al genocidio como delito internacional. Buscaba tipificarlo con un símil sobre los elementos de una acción política y social con objetivos significativamente inhumanos, cuyo antecedente inmediato al exterminio de los judíos encontró en las «fechorías» cometidas contra los armenios. Traspuso el núcleo de estos elementos del tipo delictivo para justificar la aplicación de una jurisdicción internacional a la Shoa. La solución final alemana había compartido el mismo elemento intencional que el propósito de los Jóvenes Turcos. Era la voluntad directiva de eliminar al otro, de exterminarlo. De esto había sido capaz la humanidad en 1915 y contra esta indignidad, la mirada del mundo de entreguerras había permanecido ciega.

Desde el punto de vista material e intencional que configura el delito internacional, existen evidencias sobre los asesinatos en masa y también sobre los propósitos del Gobierno turco, que se citan en varios documentos reveladores, entre ellos el telegrama del ministro del Interior Talat de 15 de mayo de 1915, que anunciaba con escalofriante precisión la premeditada voluntad de aniquilamiento:

> Ha sido precedentemente comunicado que el gobierno, por orden de la Asamblea, ha decidido exterminar totalmente a los armenios que viven en Turquía. Quienes se opongan a esta orden no pueden ejercer

---

ditos del Imperio otomano de origen étnico diferente, en particular, los armenios [...].

función alguna de gobierno. Sin miramientos hacia mujeres, niños e inválidos, por trágicos que sean los medios de traslado, se debe poner fin a sus existencias. (Ohanian, 1986: 62; Granovsky, 2010: 26)[7].

Tras estas palabras estaba el movimiento de los Jóvenes Turcos, una formación política[8] que manejaba en clave patriótica un nacionalismo turco de emergente popularidad y fácil efervescencia ante la amenaza internacional que se anunciaba. La vertebración del nuevo Estado turco necesitaba uniformarse en una única nacionalidad para adquirir una identidad poderosa como nación, un proyecto que, cuando se materializa en territorios pluriétnicos y plurinacionales, procura reforzar y asentar la existencia de un bien superior por encima del de las nacionalidades de su territorio bajo el concepto de patria, más integrador y absoluto.

Con el tiempo, también aprendí a buscar el significado político de las palabras y a contextualizarlas para su actualización, como ahora quieren los armenios para inscribir su tragedia en el orden jurídico porque, de un modo u otro, sienten la necesidad de establecer una patria común entre todos los seres humanos que han sido víctimas de un crimen internacional.

De contenido emocional equiparable, la *nación* y la *patria* no suelen distinguirse en el campo semántico, pero podemos diferenciarlas si las comparamos relacionándolas con la tierra y su titularidad. Hay naciones que poseen tierra y otras que no; las primeras necesitan o han necesitado en el curso de su historia el uso de la fuerza para defender el territorio frente a sus enemigos. Hoy, a esta fuerza se la llama *soberanía* y, a su protector, el *Estado*. Aunque los conceptos de Estado y soberanía no tienen significado emocional, sino simplemente administrativo y territorial, hay veces en que el gobierno del estado necesita el reforzamiento de sentimientos comunes en su comunidad, y para ello se autodenomina *patria*[9].

---

7 Ohanian, P. C. (1986): *Turquía, Estado genocida. 1915-1923.* Tomo I - Documentos. Ediciones Akian, Buenos Aires, 599 pp. Granovsky, S. (2010): Genocidio armenio. El exterminio silenciado. [En línea] <http://www.iade.org.ar/uploads/c87bbfe5-3aa3-f94d.pdf> 77 pp. [Consulta: 24/05/2016].
8 CUP (Comité de Unión y Progreso).
9 El falangista español Jose Antonio Primo de Rivera dijo que España era «una unidad de destino en lo universal», frase que revela el uso de un nacionalismo es-

El término *patria* está relacionado etimológicamente con el patrimonio que defiende el Estado, pero también con algo emocionalmente muy poderoso: la tierra del padre, la tierra de los antepasados, la historia propia que cohesiona a los grupos sociales en fin. Hay patrias en el más allá, pero aquí, permítaseme la aclaración, tomamos ahora el concepto de patria en otro sentido, en el exclusivo, y esencialmente excluyente, de la propiedad y defensa de la tierra, que lamentablemente parece primordial para muchos estados actuales. Lo diferenciamos así del concepto *nación,* que sin patria se desgrana, y degrada, en los llamados nacionalismos, entidades que no tienen adquirido un título de propiedad sobre tierra alguna. En el mundo político, como en el jurídico, conviene precisar para saber de qué se está hablando, aunque a veces los términos acaben confundiéndose hasta acabar en interesados galimatías.

La Gran Guerra fue principalmente tierra disputada entre imperios y nacionalismos. En los conflictos territoriales, el uso de la fuerza por el Estado acostumbra a justificarse con sentimientos de carácter patriótico que defienden las propiedades de la nación a la que dice representar. Pero hay territorios multinacionales donde coexisten sentimientos contrapuestos y que se exacerban cuando la soberanía que ejerce el poder no tiene en cuenta los sentimientos locales.

El futuro Estado turco, que los aliados terminarían reconociendo, prometía, bajo el principio de igualdad y secularismo, regular la coexistencia de distintas religiones, culturas y derechos, pero a condición de que se sometieran al objetivo común de carácter nacional-patriótico. Detrás del pachá fantoche, el temor de la nación turca era la fuerza que en su contra podían ejercer los otros, tanto el enemigo exterior como el enemigo interior. Los armenios, al igual que los griegos, constituían los pueblos que ocupaban las tierras de árabes y otomanos. Al hablar otro idioma, y profesar una religión igual a la de los estados enemigos en las zonas limítrofes del Imperio, resultaron identificados y señalados como la etnia enemiga interna, el nacionalismo peligroso y desestabilizador para la patria. Una construcción verosímil en el imaginario político de entonces, y que se podía programar para empatizar con la masa y conseguir el poder

---

piritual y casi metafísico de la patria, pero en realidad destinado a la defensa de un particular territorio frente a los independentismos nacionalistas internos.

político a través de la persuasión mediática (eran grandes momentos para la prensa política). En los Balcanes, los movimientos independentistas, mayoritariamente cristianos, estaban conquistando como estados el territorio europeo que el Imperio otomano mantenía desde su retirada a las puertas de Viena. Rusia y las potencias europeas —salvo Alemania y Austria, aliadas a Turquía— estaban al acecho ante el anunciado desmembramiento del Imperio. Por su parte, los armenios tenían poco peso político interno y los poderes internacionales les habían confinado en una situación de vulnerabilidad porque no poseían la fuerza. Era una nación cristiana en un territorio cuya propiedad estaba repartida entre dos patrias, el Imperio ruso y el otomano, con el estallido de la guerra mundial como telón de fondo que favorecía la impunidad del crimen. El espíritu nacional de los turcos contra los armenios acabaría encendido por los poderes de la patria y el objetivo no era otro que mantener una propiedad, la de un extenso territorio que llegaba hasta los confines de Anatolia Oriental.

La existencia de un enemigo es un instrumento útil para la sobrevivencia de los imperios, incluida la reivindicación de la propiedad. En realidad, siempre es de utilidad para cualquier causa política. El enemigo genera fuertes sentimientos de rechazo. A su vez, este rechazo suma combatientes favorables a las distintas causas, que muchas veces se contraponen entre sí. La construcción del otro, del distinto, como enemigo común, se realiza a través del mundo emocional de los seres humanos y notablemente a través de dos enfermedades con dimensiones también sociales: la paranoia y la soberbia. La paranoia ante amenazas reales o imaginarias; la soberbia, para alegar la legitimidad de una titularidad formal en las posiciones injustas. De lo que se trata en las causas políticas de dudosa ética, es de torcer voluntades con informaciones hostiles, de manera que acaben contaminando cualquier posibilidad de paz cuando la convivencia deviene demasiado compleja. Es a través de esta misma hostilidad como se fortalece la identidad propia del grupo que, cuando siente al otro como una amenaza por tener intereses incompatibles con los propios, comparte la identidad de sus miembros a partir de este mismo sentimiento compartido que excluye al otro.

Cuando después de las tormentas llega la paz, el relato de los vencedores es el que finalmente se impone para determinar la justificación en defensa de lo propio como eximente del crimen y la sinrazón del enemigo vencido. Esta subjetividad favorece que en la historia se formen interminables remolinos de reivindicaciones en espiral emocional que permanecen a lo largo del tiempo, como se ha visto en el caso del Genocidio armenio. Es la llamada memoria histórica de los descendientes de las víctimas, la misma memoria que marcaba en los siglos XIX y XX las tensiones políticas, estrategias contrapuestas, lealtades patrióticas y enemistades nacionales en Europa Oriental y Oriente Medio. Pero lo que realmente hay detrás y cuenta en política internacional es el perímetro tangible de los estados, el territorio, aunque se encuentre ocupado por intangibles fronteras culturales, religiosas y étnicas que se erigen en un tablero de sentimientos identitarios encendidos.

La relación del derecho con los sentimientos humanos es compleja y ambivalente. En el ámbito jurídico se reconoce la memoria histórica como un valor digno de protección, no tanto por el registro de los sucesos, de los que ya se ocupa la historia y que en el caso armenio están verificados, como por el respeto al pasado de los pueblos. En el campo jurídico, la dignidad es un concepto impreciso, al que la experiencia del derecho dota de contenido concreto a medida que va amparando la prevención del delito, que por periodos cíclicos vuelve a amenazar a la humanidad. Esta prevención necesita el respaldo de las instituciones políticas internacionales. El pasado emocional de los pueblos es el mismo pasado al que apelan las organizaciones políticas territoriales, como los estados, cuando se travisten en patrias. El relato truncado de los pueblos alcanza también a la justicia penal internacional, criticada muchas veces por su falta de parcialidad al haber sido hasta hace poco justicia impartida por los estados vencedores[10]. Núremberg y Tokio fueron tribunales militares de los aliados. Para los tribunales *ad hoc* de ex-Yugoeslavia y Ruanda, también se tomó el relato de los vencedores. Tal vez la Corte Penal Internacional, con carácter permanente, y una fiscalía independiente, contribuyan en el futuro a mejorar esta impresión; pero de momento, su jurisdicción se concentra en juzgar situaciones del territorio africano, el continente más pobre y menos protegido por

---

10 En Núremberg no se juzgaron los bombardeos de Dresde, ni en Tokio los de Hiroshima.

los poderes terrenales que gobiernan nuestro mundo. En cuanto a la justicia penal universal, hoy parece vencida, abatida; son pocos los estados que, como España, no hayan retrocedido en sus propósitos iniciales, con sus modificaciones de las legislaciones internas ante los problemas diplomáticos que plantean las patrias, los estados y las grandes potencias cuando están por en medio. Sin embargo, la patria del más allá, la formulación jurídica de un universo protector de los derechos humanos, es formalmente un patrimonio que pertenece ya a los organismos internacionales, y con un título superior al de la propiedad de las superficies estatales con que todavía la comunidad internacional protege las fronteras del *statu quo* actual.

Para el derecho internacional es importante impulsar esta universalidad y hacerla patria colectiva del género humano, empezando por encender en común uno de los sentimientos más compartido por el género humano: el reproche contra la injusticia.

La injusticia crea sus propias víctimas, que permanecen en el tiempo a través de las generaciones futuras cuando no obtienen reparación o satisfacción. Son los crucificados del desierto, los «sin respuesta jurídica» a la barbaridad cometida, los rechazados por la fuerza internacional de las instituciones jurídicas, los que, en definitiva, además de los perjuicios materiales, sintieron, y con ellos sus descendientes, el dolor moral por la ineficacia del mundo político internacional que favoreció la impunidad y la permitió. En la Gran Guerra fueron los armenios quienes recibieron esta afrenta por la pasividad internacional; mañana serán los descendientes de los refugiados, cuya entrada en el territorio de la Unión Europea hoy se rechaza. La injusticia permite situaciones de peligro humanitario y confina a los pueblos en una situación vulnerable. Son los apátridas que buscan una ciudadanía en la construcción jurídica de un universo justo. Este compartido sentimiento de lo injusto integra, pues, un legado, el de la patria moral común, donde se perciben las voces de las víctimas, de los que no disponen de fuerza para cambiar los acontecimientos marcados por los intereses terrenales de los estados. En mayor o menor medida, se trata de la misma frustración y humillación que comparte el hombre contemporáneo cuando mira las noticias y se pregunta de qué sirve tanto dolor mientras, en el incierto futuro, sigue sin aparecer la posibilidad de un mínimo gobierno internacional con potestades de intervención.

El Genocidio armenio lleva camino de convertirse así en símbolo y bandera —la flor lila— de esta gran patria común, todavía extraña a las políticas internacionales, pero que encuentra sus referencias en el desarrollo de la Declaración Universal de Derechos Humanos de 1948. En este contexto jurídico —el derecho es un instrumento para buscar alternativas a la realidad que disgusta—, el beneficio del derecho penal internacional es favorecer la convivencia pacífica entre los pueblos, porque su objetivo primordial es ampararlos contra la repetición del crimen. Sin embargo, el relato de unas matanzas impunes que se remontan a años ha y no encuentran nombre, tropieza con obstáculos internacionales. Llamarlo *genocidio* mancha el honor de algunas patrias territoriales de importancia geoestratégica. Pero la patria inmaterial, la de las víctimas, no entra en estas disputas sobre perímetros en superficie; su campo de juego más profundo es el tablero jurídico donde los derechos se interrelacionan con los conflictos políticos. El patrimonio jurídico de lo universal, lo que pertenece al mundo, lo que se comparte en la tierra, lo que identifica a la dignidad humana, no dispone de fuerza institucional suficiente. Pero la necesita con urgencia a la vista de los acontecimientos y emergencias de nuestra actualidad política.

Los sentimientos reivindicativos de los armenios ponen luz sobre este lado oscuro de la humanidad y sobre otras interesadas elisiones que utilizan los estados como propietarios del territorio. Esquivar determinadas acepciones a las palabras o contextualizarlas hasta desvirtuarlas en el relativismo histórico, conlleva consecuencias para el alma del mundo, el lugar donde se generan y alimentan los sentimientos colectivos de solidaridad ante el sufrimiento y la injusticia cometidos.

Fue este mismo sentimiento de lo injusto por las agresiones contra razas y etnias en situaciones vulnerables, lo que movió a la generación de juristas de 1948 a establecer la nomenclatura de los delitos internacionales. Se señaló un enemigo, los autores y aplicadores sistemáticos de la destrucción y se les incriminó desde la responsabilidad individual. Sin embargo, no se tocó la concepción del Estado que se articula exclusivamente como patria-nación-territorio. Aunque a veces no se disponga de la mano física del crimen, es la responsable tejedora del contexto que lo permite. Su poder es internacional, con sus rivalidades entre fronteras y bloqueos institucionales, y abren caminos que conducen a los pueblos a estas trágicas situaciones de desprotección. Resulta desasosegante comprobar estos días que, de nuevo por cuestiones territoriales, hay conflictos entre los estados de Nagorno Karabaj y Armenia; como siempre, el sufrimiento lo sentirá principalmente la población civil de aquella zona fronteriza entre dos patrias. Otra vez la tierra en disputa. ¿Hay para extrañarse? Hasta en la guerra terrorista del fundamentalismo islámico, uno de los grupos más terroríficos ha querido denominarse Estado islámico para, significativamente, indicar que también quiere adquirir propiedades terrenales y erigirse en protector de la tierra conquistada para su patria religiosa.

Sin embargo, continúa afirmándose que los victimismos son motores devastadores de la paz. No por casualidad lo subrayan precisamente los estados-patria de esas mismas zonas limítrofes de Europa, en disputa desde siglos ha y que todavía siguen enemistados por el perímetro de las parcelas. Permanecen reacios al reconocimiento del Genocidio armenio, incluso a la simple mención jurídica moral de su existencia como delito internacional. Los hay que, aun habiendo cedido parte de su soberanía a organizaciones supraestatales, niegan el reconocimiento del derecho a la dignidad de un pueblo como factor que favorecería la paz. Por causa de sus vetos, la Unión Europea no ha conseguido una decisión conjunta del reconocimiento.

Me pregunto si no llegó el momento de reclamar a la sociedad política internacional una cierta responsabilidad por la comisión, por omisión, de los delitos que ocurren durante las crisis humanitarias. Es la misma responsabilidad de los estados que dificultan la patria en común de la humanidad, muy difícil de obtener en el orden judicial, máxime cuando se trata de los vencedores, pero extensible a la responsabilidad de las instituciones políticas internacionales. Actúan con conocimiento y complicidad, aunque su misión primordial sea preservar la paz y priorizar el amparo humanitario sobre otras cuestiones de política geoestratégica. Porque, como consecuencia de permitirse el negacionismo del Genocidio armenio, nadie puede garantizar que el padecimiento de las víctimas colaterales de las guerras y desplazamientos actuales tenga algún día el reconocimiento jurídico de la dignidad como víctimas.

Cuando, generación tras generación, un pueblo sigue sacudido por la conmoción del legado de su pasado, lo que busca es cambiar el mundo. No se trata, por lo tanto, de un victimismo inútil, propio de los que rebuscan en el pasado la vindicación de sus ancestros. De lo que se trata, en el campo jurídico del derecho internacional, es de señalar que existe una legalidad oscura, la de los vencedores de la historia oficial, legítima en cuanto corresponde a su propio memorial del sufrimiento —pues todas las partes tienen sus víctimas—, pero con una vigencia excluyente respecto al sufrimiento de los vencidos, incluso, como sucedió con los armenios, aun cuando nunca llegaron a ser combatientes. Hoy, el negacionismo del genocidio resulta demasiado fútil, demasiado absurdo como para no pretender que haya cambios de contenidos jurídicos en la narración de unos hechos que indignan a los descendientes.

Al igual que ocurriera con la Sociedad de Naciones en el período de entreguerras, lo único que han despertado las palabras de buena voluntad y reconocimiento de la mayor parte de los líderes mundiales recordando el Genocidio en 2015, han sido sentimientos patrioteros, resentimientos del orgullo nacional, ese orgullo que en la actualidad resulta peligrosamente banal (para utilizar el famoso y algo manido adjetivo de Hanna Arendt). Tanto Armenia como Turquía son estados-parte de la Convención contra el Genocidio y, teóricamente, podrían llevar las reparaciones debidas fuera del orden penal planteando algún tipo de declaración ante el Tribunal de Justicia Internacional, donde solo los estados se encuentran legitimados a demandar. Pero no parece que el actual Estado de Armenia cuente con apoyos suficientes para recuperar los bienes confiscados, principalmente sus iglesias y monasterios (sin embargo, esta restitución sí fue hecha en la década de los 90 por Rusia, cuando la desintegración de la URSS).

Admitir el nivel de indignidad humana que impregna el pasado de casi todas las patrias, resulta intolerable para el frágil honor de los estados. El recuerdo de los lamentos de la historia, de los crímenes sin nombre, en palabras de Winston Churchil, se perpetúa como una deuda moral pendiente del mundo político y como factor de inestabilidad para la paz. Y se coloca en el plano ético y moral internacional y no en el territorial de la fragmentación del territorio. Las masacres, hoy como entonces, se están realizando ante la impasibilidad de los estados y el derecho internacional resulta incapaz de llevar al ámbito humanitario algo más que tardías políticas de paños calientes para calmar las heridas una vez han sido producidas.

Tras la segunda guerra mundial, la mirada del mundo volvió a reflejar el horror sufrido por los judíos y a reclamar del orden jurídico internacional que parara la aniquilación programada contra grupos nacionales, etnias, religiones o razas. Sin embargo, la misma patria Israel continúa negándose a reconocer el Genocidio armenio (tal vez porque no quiera competencia en la titularidad del sufrimiento colectivo con el que justifica la existencia de su Estado).

La repetición de la atrocidad es lo que hay que prevenir desde el derecho internacional y por encima de las contingencias políticas; para ello es necesario estigmatizar, más allá del juicio de la historia, a las organizaciones estatales que planificaron la comisión de los crímenes internacionales y a sus fundamentos patrioteros, a veces democráticos, populistas y nacionalistas que los facilitan. Ahí radica la fuerza moral que legitima las instituciones y las jurisdicciones con la que se pretende dotar al derecho internacional para una cierta gobernabilidad mundial de mínimos, con capacidad y poder para perseguir y juzgar a los culpables como bien jurídico superior a los intereses particulares de los estados.

Armenia ha cristalizado los sentimientos victimistas en la dimensión universalista del derecho, para recordarnos que los pueblos pueden ser simplemente abandonados a su suerte por las potencias extranjeras. Como ocurre con otras memorias históricas sobre las que el paso del tiempo ha impedido la celebración de un juicio contradictorio contra los culpables, la particularidad armenia es que ha entrado en la juricidad a través de esta dimensión universalista como modelo para armarse contra la brutalidad del delito internacional. A falta de sentencia penal, el instrumento legal ahora es este reconocimiento por parte de los estados; un reconocimiento jurídico y de plena legitimidad internacional, porque sirvió de antecedente para la tipificación del delito. Lo que se pretende, la finalidad, es que ningún otro Hitler pueda volver a decir aquello de «¿y quién se acuerda de los armenios?», antes de iniciar una nueva matanza. Honrar la dignidad universal de los pueblos y de los grupos nacionales que han sobrevivido a la voluntad de exterminio es algo más que un memorial, entre otras cosas, porque sirve para analizar la pobreza moral de las reacciones institucionales, para distinguir entre nacionalismo, patriotismo y patrioterismo, y preocuparse por todas las barbaries que asoman en nuestras pantallas, sin que se perciba el desarrollo de un universalismo respecto a los derechos básicos de convivencia entre los pueblos.

Los supervivientes del genocidio crearon y trasmitieron su propia identidad en torno al sentimiento del injusto abandono internacional. La Unión Europea, de la que por el momento no forma parte ni Turquía ni Armenia, instó a ambos estados a dirimir sus diferencias y a que se reconociera el Genocidio armenio por los estados miembros (Resolución del Parlamento europeo de 1987). Esta petición oficial tiene carácter de reconocimiento universal y también alcanzaba a España.

Pero tras el centenario, España sigue cerrada al tema por temor a avivar sus nacionalismos internos. Se teme abrir la caja de Pandora en un momento en que la organización territorial del Estado español parece sentirse especialmente amenazada. En este sentido, resulta significativo que, aunque el Parlamento catalán aprobara este reconocimiento expreso en 2010 (a resultas de un acuerdo impulsado por las diplomacias europeas y firmado en Zurich en 2009 por Armenia y Turquía para iniciar conversaciones sobre el controvertido reconocimiento), el Congreso de los Diputados todavía no lo haya hecho. Aparte de los intereses comerciales y diplomáticos con Turquía (también merecerían protegerse los existentes con Armenia), y el escaso número de población de origen armenio en España (unos cincuenta mil), que impide constituir un grupo de presión suficiente en el territorio español, el contexto legal para tomar una resolución parlamentaria así son los tratados y acuerdos internacionales y el compromiso de España derivado de su pertenencia a la Unión Europea. Por esto, parece que el único motivo que subyace en el Parlamento español para denegar este reconocimiento es de índole interno.

No es la primera vez. En su momento, y por razones también de política interna, España, junto con Rumanía, fue el único estado de la Unión Europea que negó el reconocimiento de la independencia de Kosovo. Por decirlo de algún modo, parece que es la defensa del *statu quo* sobre la organización territorial de España lo que motiva el negacionismo español del Genocidio armenio.

Llegados a este punto, cabe preguntarse por el carácter recalcitrante de esta postura. Aunque fruto de un pacto transicional en los setenta, la Constitución española reconoce las diversas nacionalidades que coexisten en su territorio. Hay, por lo tanto, un reconocimiento a la existencia de nacionalismos en la política española. Este ámbito se concreta en la libertad de los partidos políticos nacionalistas, que son considerados como legítimos impulsores de las aspiraciones de los pueblos que se sienten integrados en la patria española. Es posible que el episodio del referéndum en Cataluña, inexistente para el Estado español, haya marcado los límites oficiales del Estado a los impulsos nacionalistas. Pero el reconocimiento se pide desde el ámbito supraestatal, internacional, donde las categorías son otras. Son categorías universales, como ya hemos dicho. De lo que se trata es de proteger los valores universales de la humanidad y de los pueblos que la conforman, de reconocer el lamento del grupo nacional que perdió a toda una generación a principios del pasado siglo, de señalar que este lamento tiene traducción jurídica y es un hito de la historia para intentar prevenir episodios parecidos.

Hace tiempo que el régimen español parece haber renunciado a esta vocación universalista o, cuanto menos, actúa con contradicciones que debilitan su credibilidad en la defensa de valores universales. Por una parte, se facilita la nacionalidad española a los descendientes de los judíos expulsados en 1492, pero, por otra, niega aplicar oficialmente la voz jurídica más apropiada para el caso armenio, al tiempo que ha iniciado una política de restricciones en materia de justicia penal universal con la reciente reforma del artículo 23 de la Ley Orgánica del Poder Judicial en 2013.

A la vuelta de la esquina de esta posición se encuentra el patrioterismo fútil. El Estado español fundamenta un nacionalismo propio, del que espera el reforzamiento de su vertebración como nación y patria uniforme, al estilo de las potencias de entre guerras, cuando se puso de manifiesto que el derecho internacional apenas tenía fuerza en el concierto de las naciones. Ciertamente no hay agresividad hacia el exterior (salvo, de vez en vez, cuando la ofensa a la patria proviene de otros reinados como el de Inglaterra y Marruecos, en sus patrióticas disputas territoriales y continentales con España en relación a la propiedad de los enclaves en el estrecho de Gibraltar). Pero resulta decepcionante que, para cohesionar una patria que se quiere común y de interés público superior al de las nacionalidades que la componen, España haya frenado su vocación constitucional en defensa de los valores y derechos universales, entre ellos el reconocimiento jurídico del sufrimiento de un pueblo sometido al exterminio.

Hoy, al ojear las páginas de la Wickipedia, las actualizaciones enciclopédicas enlazan la voz Armenia con la disputa internacional sobre el uso del término *genocidio*. Es inevitable pensar enseguida en la inoperancia internacional ante los poderes muy terrenales que se jugaban en el tablero internacional y compararlo con la actual situación. Tal como entonces, los principales protagonistas de nuestras guerras periféricas siguen sin querer la intervención de un cierto gobierno mundial e independiente de los jueces internacionales. Detrás, entre patrias y naciones con derecho a veto, solo hay intereses económicos y geoestratégicos, compartidos muchas veces con las compañías comerciales multinacionales. Pero ni la paz ni la dignidad humana son intereses que se puedan compartir con las oscilaciones de las bolsas y la deuda pública que hace vulnerables a los pueblos. De ahí, precisamente, el interés del derecho en el reconocimiento universal del Genocidio armenio como medio para prevenir y poner límites al lado oscuro de la vida política internacional.

Todos somos armenios

Máximo Vega

El 24 de abril del año 1915 empezó uno de los procesos más oscuros de toda la historia de la humanidad: el Gobierno de los Jóvenes Turcos, durante el Imperio otomano, intentó por ocho años, hasta el 1923, erradicar por completo la cultura y el pueblo armenios de su territorio. A marchas y trabajos forzados, obligados luego a permanecer en terribles campos de concentración, entre un millón quinientos mil y un millón setecientos mil armenios (como siempre, la estadística no es capaz de dar una cifra exacta) murieron en circunstancias espantosas, de cansancio, de sed, de hambre.

El 24 de abril del año 1965, la República Dominicana inició una guerra civil para devolver al poder al presidente elegido democráticamente en 1963 y derrocado siete meses después por las fuerzas armadas del país. Esa guerra civil finalizó, en el mismo año, con la segunda invasión de los Estados Unidos a la República Dominicana. No quiero de ningún modo comparar la tragedia que se inició en 1915 para los armenios con la Revolución dominicana, sólo intento hacer notar cómo compartimos con ese pueblo fronterizo entre Europa y Asia el aniversario de la violencia y el dolor.

Cien años después de la masacre y la barbarie, nadie se decide a pedir perdón. El gran pueblo turco, que debería alejarse de cualquier pasado oprobioso que manche su rica historia cultural, debería aprender a aceptar y a pedir perdón. Postrarse de rodillas tocando el suelo con la frente, abrir los brazos hacia el cielo y dirigirse a los espíritus de los millones de muertos. O quizás, dirigirse a los millones de armenios vivos con humildad y valentía. Los alemanes actuales no son los nazis del pasado, que crucificaron judíos en Ucrania. Los turcos de hoy no tienen por qué ser los turcos del pasado. Mientras no se acepte la realidad del Genocidio y el Holocausto, no podremos, ninguno de nosotros, dormir en paz como seres humanos.

Pero esto también nos lleva a un planteamiento menos práctico y, quizás, mucho más espiritual: todos somos armenios. Los dominicanos, que hemos sido invadidos innumerables veces por potencias extranjeras (España, Francia, Inglaterra, Estados Unidos…), y otras veces por naciones que no son potencias —pequeños países autodeclarados imperios, como Haití—, pero que nunca hemos invadido a nadie, país pequeño y pobre que apenas puede contener a sus diez millones de habitantes, somos también armenios, así como somos palestinos, judíos o haitianos. Los turcos, los rusos, los estadounidenses, todos los miembros de la Organización de las Naciones Unidas: admitamos ahora, aprovechando el Centenario del Genocidio, que todos somos armenios. Que un millón y medio de muertos son suficientes; es más, un solo asesinato es suficiente para pedir perdón. El Genocidio armenio, el Holocausto judío, las muertes de palestinos en Gaza, los muertos del Ébola (los muertos de la miseria y la desigualdad), un niño muerto por un misil de Hamás, los muertos en Irak. Las diferencias en las cifras sólo hacen más terrible el recuerdo histórico de las tragedias: un solo muerto es suficiente. Cuando un pueblo intenta erradicar toda una cultura, una religión, un idioma, una forma de vida, tratando de hacer desaparecer al pueblo entero, me parece que es causa suficiente para pedir perdón.

Yo, en nombre de los turcos, de los norteamericanos, que nunca pedirán perdón, de los israelíes, de Hamás, pido perdón. Le pido perdón como ser humano al pueblo armenio. Perdón.

De mi raíz a la de los armenios todos

Víctor Hugo Arévalo Jordán

Mis raíces familiares datan de los primeros desembarcos en América, a mediados del anterior milenio. Este dato sirve para conceptuar dos vertientes, la primera de después de varias generaciones descendientes desde el primer desembarco, las raíces pierden su nacionalidad original (país invasor) para transfigurarse en otra, comprendida en el mejor de los casos, como una generación cien por ciento nacional (es este caso Bolivia); en el transcurso de estas transfiguraciones, se observan situaciones de sensibilización ante la postura de las nuevas nacionalidades: una, es que en el propio medio donde se desenvuelve el individuo; este trata de mantener una posición digna apelando a su ascendencia original, en este caso europeos; la otra, es que trata de defender su postura nacional, adaptada o final, cuando los de otras naciones y continentes no los aceptan por el solo hecho de ser un sincretismo cada vez más nacionalizado, una pájaro pintado, como se expresaría Jerzy Kosinski, manifestando realidades generadas por las diferencias culturales, las diferencias culturales que han sido siempre fuente de violencia. Las vidas de los hombres son reales, los escenarios y las circunstancias: los depredadores, irónicamente de la misma especie, las creencias paganas de las culturas autóctonas, los caminos de la muerte, los rituales profanos, el hambre, el frío, lo que se produce en la oscuridad de la noche. La identificación con los acontecimientos de otros rincones del mundo es, entonces, lamentablemente posible.

Pero las diferencias y la discriminación se manifiestan en la construcción de la semántica del lenguaje, con términos aparentemente inocentes como *cholo,* comúnmente llamado al mestizo (cuyo verdadero significado etimológico es «perro»), indio, autóctono pero en sentido despectivo, negro, camba, etc.,; resumo esta situación porque América, amerindia, sufrió una devastación sin precedentes, un genocidio acentuado e ignorado, lo que marca en todos los niveles una sensibilidad proclive a entender los problemas de segregación, hasta terminar en la destrucción de seres humanos y nacionalidades.

> El uso del lenguaje en todos sus aspectos, colabora con el fortalecimiento de ideas que llevan al genocidio. Se ha visto que el mismo puede ser dirigido a las altas esferas del poder o al pueblo para incentivar y fortalecer una idea, ya sea de superioridad sobre la víctima o de temor acerca del enemigo. El arte, desde todas sus vertientes puede colaborar con esta formación de opinión del otro que declaro mi enemigo, desde la pintura, pasando por la poesía y la música, se puede generar una idea de la eventual víctima, convirtiéndola con el lenguaje en el culpable de su propia destrucción.
>
> Bryan Acuña
Los genocidios y la deshumanización del individuo

Pero aun sin considerar como experiencia propia la vivencia de discriminaciones, humanamente, no se justifica la muerte de una persona; cuando esto ocurre, tenemos una violación concreta al derecho de la vida; y no me detengo aquí en las complejidades legales, esos artículos rebuscados citados en las leyes, decretos, decisiones de organismos internacionales etc. Cuando se produce un crimen, recurrimos a todo el aparato de la Justicia y del Estado para esclarecerlo; para determinar la culpabilidad de los implicados de esa muerte, apelamos a legislación elaborada por el hombre, para generar laberintos hasta que las soluciones aparezcan por sí mismas; son buenas intenciones pero. como dice el refrán, de buenas intenciones está empedrado el camino al infierno. Si no, ¿cómo se explica la impunidad existente, aun en la distancia del tiempo, cuando los problemas de discriminación y genocidio realizados durante el siglo xx continúen peregrinando por los interminables pasillos del castillo (como lo muestra Kafka) en un castillo de carácter mundial?

Si realizamos un revisionismo histórico en este sentido, tendríamos que empezar por la causa armenia, en permanente reclamo ante el Estado turco que sin las consideraciones del derecho y solo por su responsabilidad histórica, estaría en la obligación de reconocer el

Genocidio armenio: responsabilidad histórica, en la cual pasamos a ser responsables, cuando no cómplices, por la sencilla razón de que teniendo conocimiento de estos hechos no hemos apuntado a una solución adecuada. Toda nuestra civilización es responsable de los genocidios al tener conocimiento de ellos y permanecer indiferentes, silenciosos ante un millón y medio de víctimas; ¿no eran tantos, eran menos? ¿Eran más?, ¿tiene sentido regatear las cantidades?, ¿no es vergonzoso que una sociedad que tiene todo un cuerpo judicial en el Estado, juzgue un crimen de una persona y no se sienta capaz de juzgar el crimen de miles de personas entre las que consideramos de mayor culpabilidad cuando se trata de niños? Y si las hacen los hombres, ¿cómo es posible que existan leyes contra natura que permitan efectuar persecuciones, asesinar con cualquier pretexto, amparados por un aparato represivo legalmente constituido? Somos testigos mudos de la crueldad que se ha desencadenado sobre los pueblos confinados; hacemos a un lado la vista cuando tenemos que asumir la responsabilidad; decimos que al final la vida sigue igual y esa es una mentira, un engaño, la vida no puede seguir igual una vez que tomamos conocimiento de hechos que derivan en crímenes de lesa majestad. No digo soy armenio porque no lo soy; soy humano o al menos pretendo, por esa misma razón, y porque la ley de la vida es para todos, que esto debemos comprenderlo todos y defenderlo; mi pensamiento, enraizado en las costumbres de mi pueblo, me hacen comprender perfectamente que soy cómplice de la atrocidad, la ignominia, la barbarie, la mentira, la prepotencia de un pueblo con otro, que la sufrimos a lo largo de cuatro siglos, con todas sus consecuencias, de un ser humano con otro. Armenia tiene que recuperar su pasado digno, no aquel insultante que destruyo un pueblo con virtudes y defectos, como todos los pueblos de este único planeta que es nuestra casa por cómo se expresaba Karl Sagan. No si justifica siquiera la guerra, que en un breve lapso tiene el poder de modificar todas las estructuras sociales, las más de las veces ideológicas, fundamentando en muchos aspectos una cuestión de segregacionismo racial. Nos resta comprender que siempre son la misma guerra con distintas tecnologías y estrategias, en las que el hombre trata de destruir al hombre, sin entenderse bien porqué, ni mucho menos, somos capaces de eludir el destino de perpetua repetición.

Resolver el paradigma presentado por Fiodor Dostoievski en su *Crimen y Castigo*.

¿Nos damos cuenta realmente de la magnitud del daño infligido a todo un pueblo y por muchas generaciones? ¿Nos damos cuenta de que cuando eliminamos a un ser humano, eliminamos a toda su descendencia? Entonces, ¿cómo podemos admitir desde afuera que el Genocidio armenio es la mayor atrocidad cometida en la era moderna que aún no recibe ni siquiera el debido reconocimiento? Está bien que el hombre observe la vida de otros hombres, pero ¿quién reclamará por el caído?, ¿quién sanará el irreparable ultraje a tantas vidas cuantas sean?, ¿quién se ocupará de devolverles su paz? ¿No es para eso que se crearon instituciones como la Naciones Unidas? «El secreto de la existencia no consiste solamente en vivir, sino en saber para qué se vive» (Dostoievski) y el camino de los inocentes siempre tuvo trampas, cepos y espinas.

¿Estoy hablando de Armenia o estoy hablando de América?, ¿no hemos padecido suficiente?, ¿no lo seguimos? Aparentemente, Bolivia encuentra un camino cuando la clase oprimida por siglos ocupa el poder a través de uno de sus nativos y se desprende lo dicho anteriormente. Pero no, la ley de la vida es para todos. Sean los turcos, sean los europeos confabulados en el silencio; deben abrir los libros que dejaron sus ancestros para reconocer la legitimidad de los pueblos; la vida debe abrirse paso en cada uno de los pueblos que fueron sometidos, vejados, humillados; así el pueblo turco, de aldea en aldea, debe reconocer su participación en el genocidio y deben asumir que el Estado turco ha cometido un error humano que costó la vida a un millón y medio de armenios. Sería el comienzo de una larga cadena de reconciliaciones humanas, reconociendo errores los unos, perdonando los otros, aprendiendo todos; de lo contrario, nos queda el otro camino, rencores y guerras que apenas son lapsos de tiempo que se eternizan.

Los pueblos ofendidos luchan su propia guerra y se perdonan cada día que transcurre entre la esperanza y el derecho de existir. Podríamos decir que a ciegas, solo sostenidos por su propia fe, pero una fe sin casi esperanza; aún esperan que se manifieste la justicia, alguna forma de justicia y que puedan volver a sus pueblos a descansar. Son pueblos exiliados. Son pájaros pintados a quienes nadie de su propia especie, los hombres, los reconoce como a sus semejantes. Al pueblo armenio le queda la memoria de sus caídos, de sus seres que en algún momento fueron amados; les quedan los recuerdos que continúan pese a la rueda del tiempo, pese a que la vida sigue, debe seguir, igual, casi siempre igual. ¿Podremos cambiarla alguna buena vez?

El Genocidio armenio, humillación a un grupo humano al delirar la razón ilustrada: cien años de soledad y apatía

Miguel Alberto González González

> La guerra es una masacre entre gentes que no se conocen, para provecho de gentes que si se conocen pero que no se masacran.
>
> Paul Valery

Ya Valery, ¿poeta maldito? —malditos los desplazadores, los masacradores—, que nos arrinconan, nos tensionan, que hacen la guerra para masacrar al otro y para provecho de los que entre sí se conocen, esos entre sí son los varones de las guerras, los dueños del poder, las ruinas del sueño humano por lo humano.

Las ofertas de guerras, las desapariciones de comunidades completas nos ponen en la frontera entre lo indecible, entre lo deseable y lo indeseable; el caso es que los siglos XX y XXI están marcados por la razón triunfante, un triunfo austero porque se empieza a exterminar y a hacer la guerra con la lógica *maquínica* de la destrucción, se desparece a quienes no hacen parte de la propuesta y a quienes se oponen; son dos siglos intoxicados.

> Estamos en tiempos confusos con lenguajes difusos, evasivos y desligados de los acontecimientos mismos, es decir, tiempos y lenguajes intoxicados que intoxican nuestros pensamientos, que intoxican a la humanidad, porque, a no dudarlo, hay que estar muy intoxicado para proponer guerras de exterminio o de colonización. (González, 2015: 53).

Nos agendaron las guerras, la ¿razón ilustrada? nos hizo creer que un genocidio es una limpieza necesaria.

Los delirios de la razón ilustrada, de esa razón que es precaria al momento de medir las consecuencias de sus actos se sintetiza desde el Genocidio armenio, justo en ese lapso de la primera guerra mundial, donde una guerra más no parece ser significativa; eso al menos, es lo que nos hacen creer, pero la realidad es bien distinta.

Hay cosas que producen pavor, que nos acorralan en pesadillas, hay comportamientos humanos que nos apenan y apenarán por toda la existencia, no por cien años, sino por milenios, acciones crueles que nos señalarán en cualquier tiempo y galaxia posibles. El Genocidio armenio es una muestra más de lo crueles que somos, de las pesadillas que no olvidaremos.

La soledad del que sufre

El peso semántico, sintáctico y pragmático de las guerras recae en los grupos culturales señalados. Para el humillado, el hambriento, el encarcelado, el enfermo, el ignorado o el torturado, un día es como si fuese la eternidad. En la enorme lista de genocidios, ahora le toca el turno de la soledad a los armenios, sus cien años de humillaciones son tan grandes como el genocidio mismo, esto porque el negarnos, el quitarnos nuestra tierra originaria es como un despojarnos, un desraizarnos. Si algo nos conmueve de la *Odisea* es la urgencia que tiene Ulises de regresar a su Ítaca, sueña con su esposa, con sus uvas, con todos los aromas y paisajes de su tierra; entiendo que en todo armenio hay un Ulises a la espera de recuperar su territorio.

Cien años de soledad y de apatía constituyen un agujero negro en el desarrollo, en cualquier tránsito de la humanidad. Hablamos del agujero negro que nos deja el Genocidio armenio llevado a cabo por una parte del pueblo turco, porque seguro es, y así lo sabemos, que muchos de ellos no lo compartieron, pero tampoco pudieron evitarlo unos, o quisieron suspenderlo otros. A esos poderes políticos, económicos, religiosos, militares, intelectuales o jurídicos que pudieron intervenir y se silenciaron profundas recriminaciones.

El Genocidio armenio, 1915-1923, es una muestra desafortunada de nuestras precariedades, del cómo repartimos hachazos, flechazos o bombazos para destruir comunidades y para desaparecer vidas. El genocidio de los armenios es uno de esos malos ratos de la humanidad que no estamos facultados para olvidar, porque no podemos permitir que se vuelva a repetir, aunque lo de Siria va siendo otro genocidio anunciado.

Los turcos han sido un pueblo fantástico, un portal entre Europa y Asia, la bisagra entre muchas culturas, pero tienen, cómo no, deudas con la humanidad; tienen, cómo no decirlo, que sonrojarse cuando piensen en los armenios, cuando piensen en la humanidad misma, cuando revisen su larga historia guerrera donde no quedan bien situados. ¡Bastante buenos para matar! Es raro que una invasión militar pueda ser defendible, es inviable creer en las soluciones militares, pero cien años después de lo sucedido con los armenios, sirios y otros pueblos, lo seguimos viendo en este afanado y desconcertante siglo XXI.

De masacres, genocidios y desplazamientos hemos hecho grandes tecnologías; hay tecnologías del desplazamiento potenciadas por muchos poderes que requieren tierras o personas para dominar. De las invasiones y destrucciones no sólo se benefician los llamados racistas, porque de ellos aprendimos a encontrar y permitir muchos racismos: racismo económico, racismo científico, racismo jurídico y racismo intelectual, formas de organizar la realidad, de editar el mundo que termina por favorecer desplazamientos, exclusiones y exterminios —de esto también podemos preguntarle a mexicanos, colombianos, norteamericanos, africanos—, lugares donde en pleno siglo XXI, el ejecutar o propiciar masacres colectivas y forzar el desplazamiento humano constituyen una forma de hacer política.

El siglo XXI de los bits, de la sociedad del espectáculo, de la sociedad que se basta con las farándulas, con fútbol en todas partes, con reinados y concursos extraños aún no logramos sentar voces importantes para impedir nuevos genocidios y para ingeniarnos mecanismos jurídicos, políticos y educativos para que aprendamos de estos horrores hasta que los borremos como formas de actuar humano.

El XXI, en este falso conteo del tiempo, es un siglo que ha sabido heredar comportamientos humanos dolorosos como forzar desplazamientos humanos, violar mujeres, avanzar en la irracionalidad de desaparecer grupos humanos o de centrarse en metarrelatos religiosos furiosos que, mal interpretados, dan pie a perseguir y asesinar al otro.

Lenguajes guerreros de los poderes

> Es peligroso tener razón cuando el Gobierno está equivocado.
>
> VOLTAIRE

¿Cuándo es que no se equivocan los gobiernos? En cualquier caso, un Estado que patrocine un genocidio no es que esté equivocado, es que sabe de sus fines; por tanto, debe ser condenado, no sólo como acto moral, sino como acto estético del respetar la vida.

Los poderes débiles saben de muchas guerras, conocen de sus lenguajes de la destrucción para imponer su imperio; cualquier imperio se rodea de enormes ejércitos para imponer sus criterios. Los ejércitos no están hechos para pensar, se hicieron y se hacen para matar ¿defender fronteras y a sus ciudadanos? Ese es su sofisma. ¿Qué razones nos darán los políticos y ejército turco sobre el Genocidio? De seguro, nos entregan un listado de justificaciones y acusaciones, pero no un listado de sus arrepentimientos y deseos de reparación.

Los lenguajes de la religiosidad no están hechos para desaparecer ni asesinar personas; no obstante, es un instrumento que suelen usar los poderes[1] para justificar cualquier masacre. Siempre que nos asombran con un genocidio, no disponemos de suficientes preguntas para saber del por qué se silencian las religiones y las educaciones. Es necesario que los poderes religiosos y educativos asuman una posición fuerte cuando soplen vientos de guerra, porque seguro es que ahí se gesta un genocidio. En esta posmodernidad hay demasiada farándula en los lenguajes religiosos y educativos, demasiado ablandamiento de sus responsabilidades sociales.

Sí, la farándula se ha impuesto, pero los métodos de exterminio humano siguen con las mismas prácticas milenarias que hemos aprendido; prácticas que sufrieron los armenios, así como la padecen otros pueblos en el mundo: los palestinos o los ucranianos para citar otros.

Sin duda, es necesario tensionar a los intelectuales y sus lenguajes, porque muchas de nuestras apuestas intelectuales caen

---
1 Este texto deviene de la investigación «Lenguajes de los poderes. Las homogeneizaciones/diversidades y las exclusiones/inclusiones». *Diálogos de saberes* (2014-2019).

en ejercicios faranduleros, escrituras que siguen en deuda porque se ocultan ante las atrocidades donde los poderes hacen del pobre su lugar. El silencio de los intelectuales de aquella época y aún de la actualidad sobre el genocidio de los turcos contra los armenios da mucho que pensar.

De lo mucho que podemos intentar —hablo de los intelectuales que solemos dormirnos y ajustarnos a los caprichos de cualquier poder, nos silenciamos con la misma villanía de los que destruyen—, es el no acallarnos; estamos llamados a levantar la voz, a escribir con muchos lenguajes, en prosas, en poemas, en pinturas, en esculturas, en músicas, en arquitecturas, en las aguas, en los aires, en las arenas, en los árboles, en las montañas, en las rocas y en cualquier lugar posible para denunciar y recordarle a la humanidad que el holocausto armenio tuvo lugar, aquí en la tierra, aquí entre nosotros y que les debemos tantos tributos a los sacrificados, como a sus familiares, así como debemos exigirles a los estados que condenen abiertamente y reconozcan sus errores para que no olvidemos estas humillaciones de humanidad.

La poética que clama lo que la prosa niega

¿De qué manera representan el mundo los tiranos? ¿Cuál es la imagen de mundo de los tiranos? Un mundo que se ajusta a sus caprichos, a sus infinitos deseos de gloria propia bajo el eterno dolor de los demás.

Hay una prosa que parece negar, evadir el Genocidio armenio o el gran crimen, ese crimen no judicializado ni reparado, esa gran prosa está en deuda con la poética que no se basta en el silencio. Sobre el dolor y la resistencia de este pueblo escribe el poeta de origen armenio Saroyan:

> Me gustaría saber si existe en la tierra
> algún poder capaz de destruir esta raza,
> esta pequeña comunidad
> de gente insignificante,
> cuya historia ha llegado a su fin.
> Que tuvo numerosas batallas perdidas,

cuyas estructuras se han desmoronado,
cuya literatura no es digna de ser leída
ni su música de ser oída,
y cuyos ruegos no han sido contestados.
¡Adelante, continúen aniquilando esta raza!
¡Destruyan armenia! ¡Miren si pueden hacerlo!
¡Sáquenlos de sus casas y envíenlos al desierto!
¡Déjenlos sin comida!
¡Quemen sus casas e iglesias!
Pero luego, miren sino son capaces
de volver a reír.
Vean sino vuelven a cantar o a rezar.
Y cuando dos de ellos se encuentren en cualquier lugar del mundo
vean sino vuelven a crear una nueva Armenia.

La ironía responde al sufrimiento, el poeta canta a la resistencia del pueblo armenio, las imágenes desplegadas nos hace pensar que un armenio es un ser humano que, como el ave Fénix, sabe repararse de sus cenizas. ¿Qué dirá de esto la razón ilustrada que no suele conformarse con poemas ni con los *mea culpa*? Una razón menor a las poéticas y a las trágicas humanas.

Poetizar la muerte, poetizar el exterminio y desafiar a los poderes para proponer una resistencia reconstitutiva, una resistencia que se niega a dejar oculto el dolor de un pueblo es una demanda *in memoriam*.

In memoriam, las geometrías del tiempo

> Bajo las condiciones de la tiranía, es más fácil actuar que pensar.
>
> Hannah ARENDT

De las tiranías se conocen notables formas de acción que anulan la condición humana, en un régimen tiránico la propaganda representa su intelectualidad, no se tiene paciencia ni indulgencia; en todo orden tiránico la premura es la ley, siempre están afanados los dictadores, sus tiranías van más allá de las palabras, son las sociedades las que padecen el no pensar de los tiranos que se apoyan en sus fuerzas militares hechas para actuar, jamás para pensar: no tienen tiempo para semejante virtud.

Como tal, el tiempo no tiene geometrías, ni mediciones, todo tiempo en el *chronos* puede datar ciertos hechos, pero cuando pasa a ser *aión, kairós, physis, dynamis* o *polis* nuestras regiones del conocimiento se tornan difusas.

Si pensamos que la realidad humana está por fuera del cronos, las lógicas organizativas no tendrían nada que ver con este falso conteo del tiempo, pero como nos hemos hecho un mundo situado, nos hemos constituido en calendarios y relojes tampoco podremos tener un olvido total de los hechos, siempre existirá alguien que nos relate en las coordenadas espacio, tiempo, materia y energía los diferentes aconteceres sociales.

En este *in memoriam* nos toca fijar en rocas y metales indelebles los trágicos hechos de los armenios para que la emoción cambiante y la razón ilustrada no se escondan cuando se les pregunte por el pasado, presente y destino de sus pueblos.

Al delirar la razón ilustrada

> Dos excesos: excluir la razón, no admitir más que la razón.
>
> PASCAL

Ya sabemos que cualquier exceso nos depara violencia, la razón excedida es tan ciega como la pasión desbordada. La razón por sí sola es tan insuficiente como el más bello poema sin lectores; si alguna deuda tiene la modernidad es la ilustración de la razón, el endiosamiento de la razón —experiencia de la revolución francesa—, sin prever en lo monstruosa que puede llegar a ser. El siglo XX es la sucesión de guerras productos de una razón ilustrada, guerras razonables y razonadas. Un ejemplo de ello es el Genocidio armenio, donde se extermina un pueblo con falacias razonables.

La razón ilustrada ha delirado en muchos momentos de la llamada modernidad, una modernidad que abandera la guerra para imponer la razón; caso diferente, no menos dramático, es la Edad

Media, donde se hace la guerra para imponer una emoción, para imponer una fe.

La vida y la muerte no la podemos escribir con la misma mano, hay que hacerlo por reverencias lingüísticas con diferentes tonos, escribir la vida con una mano y la muerte con la otra para que nuestro cerebro no se limite a reproducir lo que ya sabemos, sino para forzarlo a recordar que la vida es una y hay que protegerla por sobre todas las apuestas, por sobre todas las diferencias y que la muerte es un punto de llegada, que no podemos permitirnos seguir ejecutándolo por manos enloquecidas de los hombres y las mujeres del mundo que se ciegan por religiones, políticas u otras sandeces.

La reiteración de una costumbre

Los armenios han padecido una secuencia discursiva y armada en su contra; el siglo XIX está pleno de hechos que así lo confirman, explica Vahakn:

> La masacre de Sasún fue el primer ejemplo de exterminio masivo contra los armenios en la historia otomana moderna en ser conducido en tiempo de paz y sin conexión alguna con una guerra exterior. Duró 24 días (del 18 de agosto al 10 de septiembre de 1894). (Vahakn, 2008:118).

Los números de asesinados oscilan entre los 80 000 y los 320 000, es decir, se preparaba un sangriento camino a lo que luego devendría en el 1915.

Dos millones de armenios masacrados por manos turcas (1915-1923) no pueden sino apenarnos; hombres, mujeres, niños, ancianos destrozados en sus sueños, que no les dejaron seguir acompañándonos porque a unos desadaptados se les ocurrió que la mejor política, que la mejor religión, que la mejor economía, que la mejor opción es desaparecer y asesinar al que no se parece a nosotros, destruir del que sospechamos, como si la sospecha diera carta abierta para recrearse en crímenes, como si la soberanía, como si unos límites geográficos fueran superiores a la vida ¿Serán mejores los turcos por ganar tierras, desplazar comunidades y asesinar armenios? La historia nos muestra que no, que son quizá peores hasta tanto no se arrepientan y pidan perdón por sus crímenes contra los armenios.

Tanto odio reprimido, tanta sevicia debemos debilitarla, no podemos contentarnos con acusar a los turcos y llenarnos de odio para devolverles lo mismo; debemos ser grandes y enormes para entregarles el perdón, pero exigirles que en sus diferentes manifestaciones de nación, de país y de colectividad, le pidan perdón a la humanidad por sus barbaridades, por sus errores y horrores. Un auténtico turco debe ruborizarse ante estos hechos.

A los armenios, nuestro amplio tributo de admiración, nuestro corazón herido, nuestro tributo inquebrantable para que se reconfiguren como el pueblo grande que ha sido y es. Estamos a tiempo de aprender de su paciencia para no permitir que esto se repita, que perdonen en lo profundo a sus asesinos y se dediquen por el mundo a contarnos que la vida es posible y que no tenemos derecho a vivir otros cien años de soledad y apatía, sino unos nuevos cien años de esperanza y perdón, como el mejor tributo que le podemos rendir a nuestros dos o más millones de armenios sacrificados, porque hasta en eso nos mienten los poderes, escondiendo las estadísticas y maquillando el lenguaje para hacernos creer que los responsables son los demás y que todo son hechos colaterales ¡sinvergüenzas!

Es posible que estas políticas, economías, educaciones, ciencias, religiones, jurídicas, éticas y estéticas añejadas ya no den para más, que ya estén cansadas y atrasadas para ayudarnos a salir de tanto genocidio y destrucción.

Requerimos otros contratos para rendirles tributo a nuestros hombres y mujeres violentados y masacrados en esta nefasta historia humana, donde la medicina sirve para seguir enriqueciendo a unos, donde las armas constituyen el gran mercado de las potencias y donde el progreso se escribe con la sangre de los pobres, de los desconocidos. Que tristeza de políticas y políticos que hemos heredado.

Las sofisticaciones de los lenguajes se mantienen, cada vez que un poder desea realizar un control acude a expresiones como unidad nacional, intereses superiores o simplemente nombra a los otros como terroristas, nos hacen creer que los actos vandálicos del poder son bienvenidos y que las respuestas violentas de los opositores son acciones terroristas; vaya si saben de lenguajes.

> Hay cierto linaje, sofisticación y burocratización de las expresiones que ya no dejan pensar porque nos piensan, nos someten, esos son artilugios lingüísticos que el poder sabe acometer para sus planes. Hablar de diversidad, libertad, igualdad o equidad debe ser una posibilidad permanente para cualquier pensador, porque los poderes se rapan estos términos que luego emplean para ingeniarse guerras, segregaciones o políticas de control. (González, 2016: 50).

De ahí que en la manipulación de las palabras, los poderes nos quieren hacer olvidar el Genocidio armenio, desean borrar de la historia, anhelan suprimir de la memoria aquella masacre humana; no uno, muchos libros; no una, muchas películas; no uno, sinnúmero de congresos se requieren hacer para mantener la memoria viva de todo lo que han sufrido los armenios.

¿Concluimos?

Aquí el concluir no es para olvidar, sino para reforzar la memoria, para que este genocidio tenga su reparación, ya no en los directos afectados —por imposibilidad física—, sino en la vida de aquellos que descienden del pueblo masacrado, en la historia misma de la humanidad.

¿Qué nos pasó con la razón ilustrada? Este y otros interrogantes nos conmueven, ¿Por qué Occidente y Oriente se unen para silenciar esta barbarie humana? Aquí silenciar es en la pregunta por la reparación a las víctimas y sus descendientes.

De hecho la escritora Werfel relata en forma brillante, si es que ello es posible luego de un genocidio, parte de ese sufrir del pueblo armenio; este es un buen ejemplo donde la literatura se alimenta, pero a su vez, se constituye en un ejercicio de memoria para que la humanidad piense y se reconfigure en sus actos mostrencos.

Nos recuerda Ghukasian (2015) que:

> Casi dos millones de mis compatriotas fueron matados sin piedad en sus casas y sus jardines, en su tierra natal de Armenia o en el largo camino al que les obligaron los turcos hacía el desierto donde encontrarían la muerte.

Ese viaje a la memoria de su pueblo, es un viaje que nos obliga, como mínimo a los académicos, a no quedarnos silenciados ni a permitir que los armenios queden condenados a otros cien años de olvido.

Las guerras empiezan con palabras, se empobrecen los lenguajes, se restringen los derechos de las personas y se imponen los ruidos de las armas hasta terminar con las vidas de las personas. Los armenios saben muy bien de esta práctica padecida, los turcos de su ejecución y la humanidad de su silenciamiento; la razón ilustrada sabe de sus silencios y sorderas selectivas; a fin de cuentas, es razonamiento erudito así sus acciones sean despiadadas, grotescas desde su génesis hasta su apocalipsis como ha sido el caso del Genocidio armenio.

Pasemos de las prosas del horror a las poéticas de la esperanza, de las ciencias del odio y la jactancia a las filosofías de la pregunta, de las políticas diurnas del sometimiento a las políticas nocturnas de la libertad, de la educación encarcelada a la *paideia* enamorada. Este si sería el mejor tributo a nuestros masacrados armenios.

Todo lo que le pasa a un ser humano me pasa a mí, y cada vez que desplazamos, asesinamos a una persona o masacramos a un grupo humano, el mundo es un poco más pobre, más miserable. Perdón pido a los armenios por lo poco solidarios que hemos sido con ellos, por lo brutales que somos en ejercer el olvido.

Bibliografía

ARENDT, H. (2012): *La condición humana*. Editorial Planeta Colombia, Bogotá, 384 pp.

GHUKASIAN, A. (2015): «Cien años del genocidio armenio». *Espacios europeos* (21/2/2015). [En línea] <http://espacioseuropeos.com/2015/02/cien-anos-del-genocidio-armenio> [Consulta: 10 junio 2016].

GONZÁLEZ, M. A. (2015): *Tiempos intoxicados en sociedades agendadas. Sospechar un poco del tiempo educativo*. Ediciones Desde Abajo, Bogotá, pp. 144.

GONZÁLEZ, M. A. (2016): *Aprender a vivir juntos. Lenguajes para pensar diversidades e inclusiones*. Noveduc Libros, Buenos Aires, pp. 152.

González, M. A. (2016): *In Memoriam. Las geometrías del tiempo (Pintura)*. Universidad de Pereira, Pereira.

Homero (1999): *La Odisea*. Panamericana Editorial, Bogotá.

Jaeger, W. (2012). *Paideia. Los ideales de la cultura griega*. Fondo de Cultura Económica, México.

Vahakn, N. D. (2008): *Historia del Genocidio Armenio*. Imago Mundi, Buenos Aires, pp. 434.

Werfel, F. (2003): *Los cuarenta días de Musa Dagh*. Editorial Losada, Buenos Aires, 838 pp.

Frases.org: *Frases de guerra: Paul Valèry*. [En línea] <http://www.frases.org/guerra.html> [Consulta: 10 junio 2016].

La Izquierda Diario (2015): «Literatura y poesía. A cien años del genocidio armenio» (24 de abril de 2015). [En línea] <http://www.laizquierdadiario.com/Literatura-y-poesia-A-cien-anos-del-genocidio-armenio> [Consulta: 10 junio 2016].

Yo me acuerdo del genocidio armenio: memoria y dignidad

Francisco Domene

Anatema a los mentirosos, a los falsos, a los impúdicos que usan la ley para ocultar sus crímenes y los crímenes de los suyos. Anatema a los mentirosos que esconden sus culpas y las de los suyos entre las páginas de la historia.

Anatema a los manipuladores, a los inmorales, a los tramposos, a los charlatanes, a los embusteros, los que cambian el nombre de las cosas, los que usan subterfugios, evasivas, argucias, los que alzan muros frente a la verdad, los que abren zanjas frente a la verdad, quienes hacen crecer bosques y pedregales en los caminos de la verdad.

Abomino de quienes imponen el olvido y la indiferencia. Aborrezco a los que temen la memoria, a quienes echan tierra sobre el pasado como si tratasen de apagar un fuego eterno.

Aborrezco a los que gritan en la plaza del mercado o en las asambleas de organizaciones internacionales que todo está bien así, que todo fue porque fue, porque no pudo ser de otro modo, que nadie es responsable de nada, que nadie forzó la desaparición de nadie, que aquí nadie reconoce, nadie acepta cargos, nadie pide perdón, nadie tiene pesadillas por las noches. Porque peor que el olvido es la tergiversación sistemática de la realidad, la negación de la naturaleza misma de aquel terror.

Aborrezco a los mezquinos y a los canallas porque me gusta sentirme orgulloso de todos los demás, de la gente buena, de esa mayoría inmensa que late con un mismo pulso de moralidad, porque no todos cierran los ojos, ni se tapan la boca, ni los oídos, cuando presencian una infamia, cuando escuchan que alguien se la refieren.

Porque no hay muertes tolerables. Porque la muerte es un puñal doble que hiere de muerte a quien da la muerte. Porque la muerte es indisculpable incluso en la mayoría de las circunstancias en que media la amenaza o la certeza de la muerte propia. Y apenas, acaso, pueda comprenderse en lo individual cuando es única y última defensa de la vida de un ser querido. Pero cuando son los Estados los que dan muerte o la provocan, la idean, la legitiman, o crean o consienten las circunstancias que puedan producir una sola muerte, eso es un crimen inexcusable.

Tenemos derecho a tener memoria, incluso cuando no se reconoce el derecho a la justicia. No podemos seguir permitiendo el miedo. Aunque muchos lo reclaman, al menos, como punto de llegada; en realidad, el punto de partida habrá de ser el conocimiento de lo ocurrido. Luego será lo que tenga que ser. Pero ya sin dilaciones, sin aplazamientos, sin añagazas y, por supuesto, sin calumnias espurias.

No permitamos que prohíban la memoria. Por eso es que tenemos derecho a la denuncia y a exigir la no repetición de los hechos que recordamos. Y tenemos derecho a la aceptación pública de esos hechos, al perdón público y a determinar el restablecimiento de la dignidad de las víctimas.

Y aquí no hablo de solo una cuestión ética ni de unas razones intelectuales, sino también de hacer frente a la reclamación de derechos y agravios de cualquier índole, también económicos, si así se determinase. Y, entonces, habrá que decir que aquello fue injusto, que les comprendemos y que les apoyamos.

No sé si fueron cientos o cientos de miles, medio millón o un millón y medio los armenios muertos en 1915, pero hay que poner fin al silencio. No sé si se les exterminó y si lo fue de forma sistemática por motivo de raza, de etnia, de religión, de política o de nacionalidad, o si las muertes se produjeron de forma no premeditada.

Nadie lo sabe con certeza, precisamente, quizá, porque se ha querido no saberlo con certeza, porque muchos se han esforzado en que no se sepa, porque se ha negado, ocultado, dificultado, falseado e impedido de todas las maneras imaginables que la verdad se supiese. Pero tenemos el deber de recordar y el deber de decir, porque el silencio es cómplice.

¿Para cuándo una comisión de la verdad, al modo de las que se crearon para Guatemala o El Salvador? Como alguien dijo: para pasar página, primero hay que leerla. Cien años deberían ser suficientes.

Pienso, como Pedro Guerra, que habrá que contar, desenterrar, emparejar, sacar el hueso al aire puro de vivir, pendiente abrazo, despedida, beso, flor, en el lugar preciso de la cicatriz...; porque en el calcio de cada hueso hay una historia, desmemoriada historia, el horror no solventado.

Y habrá que ponerle nombre a lo ocurrido. Porque ¿con qué palabra se nombra a ese hecho cuando a uno le quitan el hogar, lo deportan de su tierra, le matan a los suyos y lo concentran, por ejemplo, en el desierto de Deir El-Zor, donde ve morir de hambre, de contagios, o asesinados masivamente a miles de personas?

Si hubo culpa, dígase la culpa. Si hubo negligencia, condénese. Si hubo crimen, maldígase. No los encubramos, no permitamos que nos consideren compinches de aquellos miserables. Nunca el olvido. Nunca más el olvido. Olvidar es matar dos veces.

Los sesenta que debieron ser, los cien que vendrán

Gonzalo Perera

Despuntaba setiembre del 2014. Un mes que en nuestras latitudes trae la primavera, con sus consabidas imágenes de renacimiento, luz y colorido. Un mes que apenas unos días antes de la llegada de las flores y las poesías de ocasión, más precisamente el 15 de setiembre, significaba para este escriba acreditar un año más a la cuenta de la vida, circunstancia normalmente festiva y que siempre se asocia a momentos compartidos con la familia, con los amigos, con los afectos en general.

Ese 15 de setiembre, Hrant Dink debió haber cumplido 60 años. En un mundo un poco más humano, un poco más justo, un poco menos cruel, arbitrario, oscuro y aberrante, Hrant Dink, ejemplar periodista de ciudadanía turca y origen armenio, debería estar celebrando la vida.

Pero Dink nunca pudo celebrar más de 53 años. El 19 de enero del 2007, en Estambul, a la salida de su semanario Agos, desde donde pregonaba en turco y en armenio por la construcción colectiva de la verdad histórica, fue asesinado a balazos. Amenazado reiteradamente por los grupos ultranacionalistas turcos, desprotegido y acosado por las autoridades estatales, Dink cometía un delito intolerable en la Turquía de nuestros tiempos: decir la pura y cruda verdad.

El artículo 301 del código penal turco ha sido usado para castigar severamente cualquier referencia al Genocidio armenio, es decir, el proceso de matanza selectiva, sistemática, deliberada y con fines de exterminio que tuviera lugar en el Imperio otomano primero y en la República de Turquía después, en un proceso que regó sangre por el primer cuarto del siglo veinte. Un genocidio con todas las letras, que segó aproximadamente un millón y medio de vidas absolutamente inocentes de cualquier culpa y jamás juzgadas o consideradas como seres humanos objetos y sujetos de derechos. Genocidio ferozmente negado por Turquía hasta nuestros días y reconocido por aún pocos países, dentro de los cuales cabe señalar que el primero en hacerlo fue justamente el nuestro: Uruguay.

Sin embargo el ocultamiento de la matanza salvaje de millón y medio de mujeres, niños, ancianos, hombres de toda edad, que generó tantos apropiamientos indebidos, tantas tierras usurpadas, tanto trabajo acumulado que se robó de manera cobarde y rapaz, tanta cultura que se intentó acallar, prosigue de manera militante bajo la bandera de Turquía. Justamente, entre otras «razones», porque bajo el manto de la sangre del genocidio prosperaron no pocas riquezas y demasiados odios infames; a la verdad histórica no solo se la niega: no se le permite expresión. Quienes ocuparon bienes que les eran ajenos, tierras que no eran suyas, lugares usurpados, y quienes descienden de ello, han optado por anestesiar los incómodos atisbos de conciencia de que fue sobre la base de un horrendo crimen que construyeron su progreso en la vida. El negacionismo histórico de un genocidio es una patología social con base material, que se ha reiterado ya demasiadas veces en la historia humana (razón por la cual debe combatirse con vehemencia) y de hecho, el énfasis negacionista es una suerte de admisión paradojal de mala conciencia y fuertes culpas celosamente tapiadas bajo toneladas de excusas tontas e inverosímiles. La enfermedad negacionista corrompe la ética de toda sociedad donde se instala, deshumanizándola por completo. Es en tal contexto que debe entenderse que, al Premio Nobel de Literatura turco Orhan Pamuk, la sinceridad le haya costado el exilio, que a Hrant Dink le costara la vida y que siga costando persecuciones y vidas decir la verdad en Turquía, aún hoy.

Lleva el nombre de Hrant Dink un reconocido premio internacional a la labor periodística en defensa de los derechos humanos. Lleva el nombre de Hrant Dink una causa judicial ejemplarmente llevada adelante por su familia, que en instancias de apelación ha pasado de la torpe atribución de su asesinato a un acto individual y aislado, a la admisión de la existencia de una conspiración subyacente, aunque aún no se haya admitido la naturaleza política y liberticida de dicha operación y su profunda raigambre dentro de los movimientos ultranacionalistas y paramilitares turcos.

Hrant Dink ha sido simbólicamente referido a menudo como la víctima un millón quinientos mil uno del Genocidio armenio y su labor periodística ejemplar al servicio de la verdad, de la justicia, de la dignidad humana, le pone rostro a una lucha centenaria e de generaciones.

Bien dije centenaria. Si bien el Genocidio armenio fue un largo proceso, se ha usado como fecha simbólica para referirlo en el tiempo el 24 de abril de 1915, pues en esa nefasta fecha, el Gobierno de los Jóvenes Turcos inició una de las etapas más salvajes y flagrantemente deliberadas del intento de exterminio, incluyendo el ataque a 250 intelectuales y referentes de la comunidad armenia, con una evidente intención de privarla de liderazgos.

Por ende, en abril del 2015 alcanzamos los cien años de esta —aún negada y aún en curso— mayúscula salvajada. En el Uruguay, como en todo el mundo, hay destacados integrantes de la comunidad de origen armenio. Todos ellos perdieron parte de su familia en el Genocidio, y ellos mismos existen gracias a los diversos avatares que permitieron a algunos de sus ancestros escapar de la matanza. El Genocidio armenio no es una cifra: son abuelos, bisabuelos, padres, hijos, hermanos, primos, asesinados cruelmente. Son caras, son nombres, son historias concretas, son seres humanos de carne y hueso como usted y como yo, que tenían un muy bien ganado derecho a vivir en paz. No debería haber ocurrido jamás semejante atrocidad. Pero ocurrió. Y sigue ocurriendo: por la negación y por las víctimas que caen por defender el valor de la verdad aún en nuestros tiempos, como Hrant Dink.

La verdad y la justicia son valores universales. El combate a todo genocidio es un compromiso con la humanidad. Y el combate a todo genocidio comienza por sacarlo a la luz, ponerlo en evidencia, denunciarlo y condenarlo. El mundo entero necesita decirse a sí mismo la verdad de una buena vez. Porque Hrant Dink debió festejar aquel 15 de setiembre del 2014 sus 60 años con su familia. Pero la crueldad liberticida y asesina le privó de ese derecho y privó a toda la humanidad de un magnífico periodista y ser humano, cuya vida misma fue un culto al poder revulsivo e interpelante de la verdad.

Por tanta sangre, por tanto dolor, por tanta dignidad, por tanta paciencia y perseverancia, por tanta bendita terquedad, por tanto insistir una y otra vez contra una poderosa y peligrosa conspiración de silencio, generaciones de armenios han logrado que muchos que tenemos otros orígenes entendamos el valor de la verdad, la justicia y de su defensa como bastiones fundamentales para la civilización.

Ya que en abril recordamos una atrocidad que jamás debió ocurrir, gestemos entre todos los seres humanos de buena voluntad que, al menos, tanto sufrimiento y dignidad acumuladas catalicen de una buena vez la masiva extensión del reconocimiento del Genocidio armenio en el mundo.

Decir la verdad no cura las heridas ni repara las pérdidas indisimulables. Pero permite enfrentar la historia y no su perversión, abre camino a la justicia y dignifica nuestra existencia.

Por los 60 años que Hrant merecía celebrar en vida en aquel 2014, por los cien años de lucha incesante por la verdad y la justicia que se honraron en el 2015: reconocimiento universal del Genocidio armenio perpetrado por el Estado de Turquía y NUNCA MÁS GENOCIDIOS en ningún punto de nuestro planeta.

Al filo de la muerte

Jean Meyer

Kart Vonnegut escribió que no hay nada inteligente que decir sobre una masacre:

> Se supone que todo el mundo debe estar muerto, y nunca más decir nada, ni querer nada más jamás. Se supone que todo debe estar muy silencioso tras la masacre, y siempre lo está, excepto los pájaros. ¿Y qué dicen los pájaros? Lo único que se puede decir acerca de una masacre, cosas como "¿Poo-tee-weet?".

Cierto. Pero al mismo tiempo, las palabras de Jean Jaurès, pronunciadas en 1897, cuando denunciaba la masacre de armenios en el imperio otomano del Sultán rojo Abdul Hamid, siguen vigentes: «La humanidad no puede vivir más tiempo con, en su sótano, el cadáver de un pueblo asesinado». Lo dijo el líder socialista francés dieciocho años antes del inicio del exterminio de la nación armenia, en abril de 1915.Hace un año, la conmemoración del centenario de lo que el código penal turco prohíbe calificar de *genocidio,* recordó al mundo que sigue viviendo con, en su sótano, el cadáver de un pueblo asesinado.

La Convención sobre la Prevención y el Castigo del Crimen de Genocidio, adoptada por las naciones Unidas el 9 de diciembre de 1948 dice textualmente:

> **Article I**
> The Contracting parties confirm that genocide, whether committed in time of peace or in time of war, is a crime under international law which they undertake to prevent and to punish.
> **Article II**
> In the present Convention, genocide means any of the following acts committed with intent to destroy, in whole or in part, a national,

ethnical, racial, or religious group, as such:

(*a*) Killing members of the group;

(*b*) Causing serious bodily or mental harm to members of the group;

(*c*) Deliberately inflicting on the group conditions of life calculated to bring about its physical destruction in whole or in part;

(*d*) Imposing measures intended to prevent births within the group;

(*e*) Forcibly transferring children of the group to another group.

Article III

The following acts shall be punishable:

(*a*) Genocide;

(*b*) Conspiracy to commit genocide;

(*c*) Direct and public incitement to commit genocide;

(*d*) Attempt to commit genocide;

(*e*) Complicity in genocide.

Las memorias de Hampartzoum Mardiros Chitjian ilustran cada uno de los puntos mencionados por los artículos II y III, con la sola excepción, quizá, del II *d)* sobre el control forzado de la natalidad.

He leído noventa y seis libros sobre el tema, publicados entre 1917 y 2014, he visto varios documentales y también películas como *Ararat,* de Atom Egoyan, pero son los testimonios personales de los sobrevivientes que permiten entender qué es el mental harm mencionado por la Convención. Así, la escritora Joumana Haddad se acuerda de su abuela armenia que tuvo tanta dificultad para sobrevivir al Genocidio que se suicidó en Beirut, en 1978, a sus 66 años: los soldados otomanos habían matado el 24 de abril de 1915 a su padre, delante de sus ojos; luego murieron, en la marcha de la muerte hacia Siria, su madre y sus tres hermanos. Nunca quiso evocar ese pasado.

> Entonces, vean ustedes, ella no sobrevivió realmente al genocidio. Como tantas otras víctimas, fue matada, con algún retraso; una bomba de tiempo habían puesto en su corazón, aquel siniestro día de abril 1915, y explotó decenios más tarde.

Hampartzoum Mardiros Chitjian no se suicidó. Tenía catorce años cuando empezó la masacre. Sobrevivió, perdón, no murió durante los terribles seis años 1915-1921; murió a la edad de ciento dos años. Escuchen lo que dice:

> Me salvé pero no sobreviví al Genocidio. Uno nunca sobrevive a un genocidio. Físicamente es posible escapar, pero el alma y la mente sufren un tormento permanente. Cuando alguien visita el infierno, queda marcado de por vida. Mis ojos están aterrados de todo lo que han visto, y mis oídos de todo lo que han escuchado, las atrocidades de las cuales fui testigo durante seis años. Mi corazón está cansado y desgastado debido al pasado y tiembla de miedo por el futuro de Armenia y los armenios... Nunca aprendí a sobrellevar esas imágenes. Me han acuciado y atormentado en todo momento.

Este es uno de los *leit motiv* de sus memorias, cuya escritura y cuyo dictado, inspirados por su hija, le evitaron probablemente el suicidio.

El segundo tema es el pleito que este cristiano ferviente, nuevo Job, tiene con Dios.

> En 1915, un Dios inmisericorde le dio la espalda a los armenios. Dejó solos a los armenios en días insoportables, a la única nación que lo apoyó; la primera nación que adoptó el Cristianismo. Aun así, le permitió a los turcos intentar borrar a toda una nación. ¿Por qué?
>
> Estaba muy al tanto de la fe inamovible de mi padre. La fe de que al final Dios protegería a los armenios y a su familia. A causa de mis experiencias posteriores con la traición, mi dolor se vería aumentado por el hecho de que viví para atestiguar la manera en que fue traicionada la fe de mi padre en Dios. ¿Dónde estaba Dios? ¿Cómo podía Él permitir actos tan inicuos?
>
> Una vez más, recordar esos días de angustia me hace pensar que tenemos un Dios al que le gusta engañar. Recuerdo la escritura sobre el altar de la Iglesia de la Santa Cruz en Los Ángeles: «Pidan y se les dará, toquen, y se les abrirá». Mentiras, mentiras, mentiras. Cuando me encuentre cara a cara con Dios, le preguntaré: ¿Cuál fue nuestro crimen? ¿Qué habíamos hecho a tan tierna edad para merecer esto?

¡Apenas tenía catorce años! Al ir corriendo tan rápido como podía, prefería encontrarme a un turco que tuviera corazón que al mismo Jesús que nos había abandonado de forma tan absoluta. Para mí es muy difícil hablar de lo que las inocentes niñas y mujeres tuvieron que soportar no sólo durante el genocidio, sino también en los años que siguieron. Me pregunto cómo fue que Dios permitiera que sucediera y por qué. Perdónenme si digo, ¡qué Dios tan inconsciente tenemos!

Cuenta cómo los turcos separan a dos de sus hermanos; se llevan al mayor como esclavo, y al pequeño, demasiado débil para trabajar, no tardarán en matarlo:

Entonces un turco tomó a Kerop, dejando a Nishan solo, llorando «¡Mamá, papá!» No tuvieron oportunidad de despedirse ni decirse una palabra de consuelo. A Kerop lo destrozaba oír los gritos de su pequeño hermano. ¿Dónde estaba Dios? ¿El Dios impío?

El hijo más reverente de Dios, Jesucristo, fue crucificado, clavado en la cruz. En un día se encontró su paz. Los sobrevivientes armenios sufrieron sin piedad durante las atrocidades y para siempre el resto de su vida. ¡Su sufrimiento fue mucho peor que el del hijo reverente de Dios!

Su obsesión es que no se pierda el recuerdo del genocidio y que el crimen sea reconocido como tal.

Los recuerdos y el dolor siguen grabados en la médula de nuestros huesos. Aún hoy, mi cuerpo tiembla cuando escucho las voces en mis oídos, los gritos desde los minaretes: ¡A quien esconda un armenio se le encarcelará cinco años con una cadena en el cuello!... Nunca permitamos que se olviden los registros de los relatos de nuestros sobrevivientes que fueron testigos de los actos atroces y brutales perpetrados por los turcos contra ciudadanos armenios inocentes.

Los hermosos mechones de cabellos, algunos todavía en trenzas, atorados en las ramas de los árboles a todo lo largo de las riberas de los ríos o en los matorrales, mechones sueltos y enmarañados, castaños, rubios y negros ondeando al viento.

Y los cadáveres descuartizados, mutilados y esparcidos [...] y los huesos amontonados por aquí y allá, algunos medio enterrados y otros mirándote directamente, los huesos y los cadáveres de los recién nacidos, lo más difíciles de mirar de frente [...] multitudes encerradas en las iglesias, a las que prendían fuego para terminar lo que la espada no había logrado.

[...] y los locos, quienes lo más probable es que hayan sido testigos de una o más de las anteriores [...] la lista puede seguir sin fin [...].

En 2003, a sus 102 años de edad, pone el punto final a sus memorias:

> Si has leído lo que he compartido en estas páginas, entonces estoy seguro de que has entendido lo que ocurrió en 1915 y la importancia de las consecuencias de estas pérdidas para los armenios.

Imposible hablar tranquilamente de un libro desgarrador:

> Las últimas palabras de papá fueron que los turcos lo iban a enviar a él y a las mujeres a América a unirse con nuestros hermanos. En ese momento Kaspar preguntó por qué los chicos teníamos que ir a la escuela turca, y no a América con la familia. Su respuesta final fue: «América es el río para nosotros». No entendimos la última respuesta de papá y eso nos dejó absolutamente confundidos. Tendríamos que enterarnos del verdadero significado de esas palabras cuando las escuchamos tantas veces en los meses posteriores.

América significa «la muerte», como *la regadera* en Auschwitz.

En sus memorias, no olvida a todos los turcos, kurdos, y árabes, hombres y mujeres que se portaron como «justos» y salvaron a muchos armenios, a él entre otros, y a su futura esposa, cuya familia fue protegida durante ¡ocho años! por un efendi turco.

Tengo la tentación de comparar las memorias aquellas con las del sacerdote, luego obispo armenio en la diáspora, Grigoris Balakian, publicadas en armenio en 1922 y 1959, traducidas al inglés en 2009 por Random House, New York: *Armenian Golgotha. A Memoir of the Armenian Genocide, 1915-1918*. Su autor fue arrestado el 24 de abril de 1915, en Constantinopla/Estambul, con dos cientos cincuenta líderes armenios, eclesiásticos y laicos, empresarios, comerciantes, intelectuales, periodistas. Fue uno de los escasos sobrevivientes y testimonió en Berlín, en 1921, en el proceso de Soghomon Tehlirian, el que mató a Talat Pashá, uno de los responsables del genocidio, todavía hoy venerado como héroe oficial en Turquía.

Según Grigoris Balakian, la idea de la «deportación» (no exterminio) de todos los armenios pertenece al mariscal alemán Wilhelm von der Goltz (Goltz Pashá), el organizador del ejército turco y presidente de la Sociedad Germano-turca: en febrero de 1914, en Berlín, expuso a la Sociedad su plan de llevar el millón de armenios que vivían en el noreste de Turquía a Siria y Mesopotomia —para alejarlos de los rusos— y sustituirlos por otros tantos árabes, sujetos no muy de fiar; o sea una doble limpieza étnica.

Como H. M. Chitjian, Grigoris Balakian honra a los «justos»; son gente común y corriente, mujeres anónimas, pueblerinos misericordiosos y valientes, pero también gobernadores y militares: Mazhan, el gobernador de Ankara que se niega a cumplir las órdenes; Mehmed Jelal, gobernador de Alepo; Rashid Pashá de la provincia de Kastemouni, que recibió el apodo de gobernador general de los armenios, el de Yozgat; y también unos ingenieros alemanes y austriacos que trabajaban a la construcción del ferrocarril Berlín-Bagdad. Mientras que los oficiales alemanes eran, en general, *turcófilos* y consideraban a los armenios como unos traidores: «No tienen sino su merecido, son unos judíos cristianos que chupan la sangre del pueblo turco».

Cuando llega la catástrofe, G. Balakian, como todos, no entiende, no lo puede creer. Como el niño de catorce años, Hampartzoum. El prelado supremo de la Iglesia armenia, el catolicós, había sido prevenido unos días antes, pero se negó a creer que el general alemán Otto Liman von Sanders que, en ese momento, defendía los Dardanelos,

> [...] en acuerdo con Enver Pasha, el Ministro de Guerra, decidieron deportar a los armenios que vivían a lo largo de la frontera con Rusia, y moverlos hacia el Sur, para proteger las espaldas del Ejército.

La derrota turca de enero 1915, en Sarikamis, aceleró la decisión. Era el plan de von der Goltz. Algo impensable para los dirigentes de la comunidad armenia. Así, el periodista y escritor Agnouni, advertido del peligro, contesta que no puede ser: «Talaat es mi amigo, le salvé la vida a la hora de la contrarrevolución... Es un amigo de los armenios y está en contra de los asesinos». Muere asesinado entre los primeros.

Hay que saber que, en noviembre de 1914, la entrada en guerra del Imperio otomano al lado de Alemania y Austria-Hungría, contra Rusia, Francia y Gran Bretaña, dividió a los armenios entre los dos bandos enemigos. La existencia de un pequeño ejército de voluntarios armenios de las provincias bajo mando ruso provocó la ira de los dirigentes turcos y permitió acusar a todos los armenios de ser un caballo de Troya del enemigo.

Hay que subrayar que, en circunstancias semejantes o comparables, el Imperio austro-húngaro no reaccionó de la misma manera: la existencia de una importante legión checa que combatía al lado de los rusos contra Viena y Berlín, la presencia de Tomás Masaryk en el campo de los Aliados, no provocaron ningún castigo contra los checos. Rusia tampoco castigó colectivamente a sus sujetos polacos, finlandeses, ucranianos, musulmanes, por la existencia de voluntarios de dichos grupos del lado enemigo.

La deportación-genocidio, prolongada hasta 1923, puso fin a la Cuestión armenia: desde la Tracia oriental en Europa hasta la frontera rusa, del mar Negro hasta el mar Egeo, todos los armenios, menos los de Constantinopla y Smyrna, fueron masacrados o deportados hacia los desiertos de Siria y Mesopotamia. En atroces condiciones, desaparecieron entre el 40 % y 50 % de los armenios del Imperio otomano: entre novecientos mil y un millón y medio.

Es un genocidio, puesto que lo hecho está conforme a todos los puntos de la definición que la ONU dará en 1948. Hoy en día, se estima que hay más de siete millones de armenios en el mundo: tres millones en la república de Armenia, república soviética hasta 1991; un millón cuatrocientos mil se reparten entre Georgia, Ucrania, Rusia y las repúblicas de Asia central; más de trescientos mil tuvieron que abandonar Azerbaidzhan a partir de 1988; más de dos millones forman la *gran diáspora* fragmentada en cincuenta comunidades, en el mundo entero. La más importante, en Estados Unidos, cuenta más de setecientas mil personas; sigue la de Francia (cien mil en 1939), con trecientos cincuenta mil franceses de origen armenio.

Como en el caso del genocidio perpetrado por los nazis contra los judíos, los historiadores se han dividido entre *intencionalistas* y *circunstancialistas;* los primeros creen en la existencia de antemano de un proyecto meditado y concebido con tiempo; los segundos piensan que las circunstancias han llevado, sobre la marcha, a la decisión fatal, sin premeditación. La razón se sitúa en la síntesis de las dos tesis. Otra división entre los historiadores concierne a la naturaleza de la ideología de los Jóvenes Turcos; unos piensan que era puramente política, sin nada de racismo, se trataba de evitar la creación de un Estado armenio que hubiera cortado Anatolia en dos y provocado a la vez la aparición de un Estado kurdo. Tampoco era religiosa, puesto que el movimiento era de inspiración jacobina, como lo demostraría Mustafa Kemal Atatürk. Sin embargo, en el motor político, metieron carburante religioso para motivar a los soldados turcos, a los kurdos y a los campesinos árabes: el 11 de noviembre de 1914, se había proclamado la yihad, la guerra santa contra los Aliados.

Vale la pena notar que los armenios no fueron los únicos masacrados: todos los cristianos del oriente de Anatolia y de Siria-Mesopotamia sufrieron mucho. Se estima que la Iglesia asiria perdió doscientas cincuenta mil vidas, o sea la mitad de la comunidad; en el Kurdistán central, los nestorianos y los caldeos no fueron olvidados.

La dimensión religiosa, ausente en el proyecto nazi contra los judíos, explica que la conversión, evidentemente forzada, haya sido posible y que así muchos hayan salvado la vida. H. M. Chitjian cuenta cómo su padre, antes de ser llevado «a América», deja a sus cuatro hijos varones a la escuela turca, que emprende la tarea de transformarlos en buenos musulmanes.

Sin embargo, otros historiadores consideran que la modernidad de los Jóvenes Turcos, de corte jacobino francés, la que llevará Mustafa Kemal a crear la Turquía moderna, «una e indivisible», implicaba la «limpieza étnica». Tan es así, que el único grupo que no he mencionado hasta ahora, a saber, la comunidad griega, estaba, antes de 1914, en la lista de los que habría que desplazar tarde o temprano. El imperialismo de la «Gran Grecia» soñada por Venizelos, que se lanzó a la conquista de Constantinopla y de Asia Menor, se hundió en la derrota militar y permitió la expulsión de casi toda la comunidad griega, en 1922, y puso fin a su existencia milenaria. En

1914, Estambul-Constantinopla contaba 1 549 000 griegos; quedaban 110 000 en 1927, 50 000 en 1950, 5000 hoy.

Queda el grupo de los historiadores *negacionistas,* tanto en Turquía como en la academia internacional. Y de los negacionistas muy presentes en Internet, como sus cofrades en negación de otro genocidio, de la Shoah. Pero eso es otra historia.

Alepo, cien años después

Mariano Saravia

Varias veces he colaborado con *Vegamedia* con artículos relacionados con el Genocidio armenio, así como con otros medios de comunicación de Argentina y de distintos lugares del mundo, porque creo que es un deber colaborar en la difusión de este tema, e involucrarnos en la lucha contra el negacionismo con las armas que tengamos y como podamos. Pero también siempre he intentado darle una mirada novedosa al tema, en lo posible. Algo que aporte una visión nueva. Sobre todo cuando está destinado a armenios, que conocen de sobra la historia del Genocidio y también la del negacionismo turco.

Por eso ahora quiero escribir sobre la actualidad, más allá del negacionismo. O mejor dicho, de los cómplices del negacionismo, los que cínicamente vuelven a permitir las aberraciones que sigue cometiendo el gobierno turco. En 1915, el Genocidio armenio no hubiera sido posible sin la complicidad del mundo, basada en la indiferencia. Nadie puede alegar que no sabía, como quedó demostrado en los trabajos y advertencias del embajador Henry Morgenthau.

Del mismo modo hoy, cuando estamos recordando el centenario del Genocidio armenio, el negacionismo turco no sería posible sin la complicidad del mundo, basada en su indiferencia o, peor aún, en sus cínicas conveniencias. Nos hablan de la *realpolitik,* que no es otra cosa que la hipocresía y el cinismo de los que manejan el mundo. Turquía es un país demasiado importante para los intereses económicos y políticos de Israel, Europa y, sobre todo, Estados Unidos. Entonces, —piensan los poderosos— no hay que enemistarse con Turquía, y que los armenios sigan con sus conferencias, sus libros, sus artículos periodísticos, sus obras de teatro, su dolor.

Todos los presidentes de Estados Unidos, antes de serlo, se llenan la boca hablando del Genocidio armenio para captar el apoyo de la influyente comunidad armenia (principalmente afincada en la Costa Este y en California) a sus campañas electorales. Pero después, cuando ocupan la Casa Blanca, se arrodillan ante la República de Turquía, por miedo y también por conveniencia, ya que Ankara es uno de sus brazos imperialistas en Medio Oriente. Esto incluye, por supuesto, al Premio Nobel de la Paz Barack Obama, que en estos momentos está bombardeando y masacrando civiles en Siria y en Irak.

Hoy, a cien años de una de las aberraciones más grandes que sufrimos como género humano, el genocidio está a las puertas de repetirse contra los armenios, en todo el norte de Siria y, principalmente, en la histórica ciudad de Alepo. Hace cien años, los armenios eran llevados a la fuerza en interminables deportaciones masivas hasta los desiertos de Der Zor o hasta la eterna Alepo. De los que tuvieron suerte de sobrevivir a esas verdaderas caravanas de la muerte, algunos se quedaron allí y adoptaron a Siria como su otra patria, además de la madre patria, la siempre recordada Armenia ancestral. Los que sobrevivieron a esa verdadera solución final del triunvirato de los Jóvenes Turcos empezaron a rearmar la comunidad armenia que había existido desde siempre en Alepo, y esa comunidad se rearmó y creció, primero bajo el mandato francés y luego con la independencia de Siria.

En las últimas décadas, la relación de los casi cien mil armenios de Siria —la mayoría asentada en Alepo—, con Hafez Al Assad primero y con Bachar Al Assad después, no ha sido especialmente conflictiva. Los gobiernos del Partido Baaz establecieron en Siria un régimen laico que garantizó la convivencia pacífica de las distintas comunidades étnicas y religiosas.

Todo esto cambió en el último tiempo cuando Occidente comenzó a conspirar contra Al Assad. Esta estrategia abona el odio de los terroristas islámicos radicales que hoy se enseñorean de esa parte del norte de Siria. Consideran a los armenios de Alepo como «colaboracionistas» y hacen que vuelvan los fantasmas del genocidio de hace un siglo. Justamente en Alepo, donde los árabes fueron solidarios y salvaron a centenares de armenios de las garras de los turcos. Hoy, otros árabes, musulmanes sunnitas, amenazan a los armenios con un nuevo exterminio, usando como excusa una religión que en ningún momento avala las atrocidades que están cometiendo.

Desde que estalló el conflicto que ya se ha cobrado doscientas mil muertes, los armenios están intentando hacer lo mismo que hicieron en los ochenta durante la guerra civil del Líbano, cuando se recluyeron en sus barrios de Beirut y trataron de no involucrarse, sólo defendiéndose entre ellos. Pero en Alepo no lo han logrado y su situación de vulnerabilidad hace aparecer inevitablemente el terror de que se repita la experiencia de hace cien años.

Hoy ven su ciudad destruida, la hermosísima Alepo (patrimonio cultural de la humanidad) en ruinas, ocupada por una banda de terroristas que se hacen llamar Estado islámico. Como hace cien años, se ensañan con los cristianos armenios, y en nombre del Islam los persiguen, los torturan, los flagelan, violan a las mujeres o las venden como esclavas, entierran vivos a los hombres o, en el peor de los casos, masacran a poblaciones enteras. Los barrios armenios son blancos especiales de los terroristas, como el barrio de Nor Kiugh, la iglesia de Zvardnordz y el dispensario de HOM.

Como vemos, el peligro de nuevas prácticas sociales genocidas contra el pueblo armenio ya es más que una simple posibilidad. Pero como siempre, hay que evitar caer en el pensamiento mágico de reducir todo a la imagen de supuestos monstruos inhumanos. Hace cien años nos hicieron creer que todo fue culpa de tres personas: Talat Pashá, Enver Pashá y Djemal Pashá. O a lo sumo de los dirigentes del Gobierno de los Jóvenes Turcos y luego de Kemal *Atatürk,* continuador del genocidio. Hoy, los medios hegemónicos nos dicen que la culpa es de estas caricaturas de terroristas que asolan el norte de Siria y gran parte de Irak. Caricatura por lo grotescos (vestimentas, actitudes, simbología, banderas negras, comunicados, etc.) pero no por lo anecdóticos. No son ninguna anécdota las miles y miles de víctimas de este grupo. Es una realidad perversa, pero con una estética y una difusión propia de Hollywood. Y no estamos tan errados, porque Hollywood y el Pentágono casi siempre se ponen de acuerdo en los planes a futuro. De hecho, el Estado islámico es un invento estadounidense.

Surgió en Irak luego de la invasión de George W. Busch y el derrocamiento de Saddam Hussein, un líder cuestionado por muchos motivos, pero cuyo régimen secular mantenía a su país estabilizado y con él a la región. Luego de derrocar su régimen, los estadounidenses, que casi nunca entienden nada de los pueblos a los que invaden y castigan, dejaron a Irak, un país de mayoría sunnita, en manos de un gobierno chiita. Ese error (¿error?) fue el caldo de cultivo para que se engendrara este grupo terrorista.

Pero todo se potenció en Siria. Ya con el gobierno de Barak Obama, Estados Unidos empezó a actuar indirectamente en Siria. Los grupos de presión del complejo tecnológico militar industrial comenzaron a presionar al poder político para conseguir su «guerra permanente», fuente de negocios multimillonarios. Obama mostró entonces una obsesión contra el presidente Bachar Al Assad, un poco para complacer a sus patrones en el negocio de la guerra, un poco para seguir el juego geopolítico del Pentágono, que apunta a Siria pero por elevación tiene en su mira a Irán y Rusia, aliados de Damasco.

Pusilánime y obsecuente del poder financiero y económico, dio vueltas y vueltas, estuvo a punto de atacar directamente a Siria en 2014, pero finalmente no se animó por miedo a Putin. Entonces optó por una estrategia más perversa, la tercerización de la guerra. Contrató a mercenarios y a terroristas del Frente Al Nusra, ligado a la red Al Qaeda, para voltear al gobierno de Al Assad. Y para eso utilizó a Arabia Saudita y a la República de Turquía.

A través de estos dos países, Washington inventó, financió, armó y potenció a los terroristas que luego se sintieron fuertes y bajo la denominación de Estado islámico, tomaron autonomía y ocuparon de facto un vastísimo territorio entre Siria e Irak.

¿Fue un error? ¿O más bien fue la demente estrategia de crear un problema para luego «vender» la solución? El problema es que esto conlleva la muerte de miles y miles de inocentes. Y la solución también, porque Obama ha desatado su ofensiva que consiste en bombardear a mansalva, dejando lo que ellos llaman «daños colaterales», y que nosotros llamamos víctimas inocentes.

Es decir, los armenios que no son degollados o enterrados vivos por los terroristas del Estado Islámico tienen que esquivar los ataques de los nuevos cazas y bombarderos estadounidenses o de los barcos que torpedean desde el mar Mediterráneo.

Muchos de ellos están optando por irse, abandonar sus casas casi con lo puesto, para salvar la vida. Como tuvieron que hacer sus abuelos o bisabuelos hace cien años. ¿Adónde van hoy los armenios de

Alepo? No saben, a cualquier lado. Adonde pueden. Algunos al Líbano, otros a Turquía, a meterse de nuevo en la boca del lobo. Otros a Estados Unidos si es que pueden.

Yo estoy en este momento en Estados Unidos, dando clases en la Universidad de Wisconsin. Doy un curso sobre delitos de lesa humanidad y genocidios, en el que incluyo por supuesto el Genocidio armenio. El curso dura tres meses y estoy con mi esposa de origen armenio y mis dos hijas. Que por supuesto, también son armenias.

Argentina, nuestro país, es un país de inmigrantes. Un país que siempre recibió y hoy sigue recibiendo a hermanos de todo el mundo. Entre la segunda mitad del siglo XIX y la posguerra de la segunda guerra mundial llegaron principalmente españoles, italianos, judíos, árabes, franceses, alemanes, polacos y ucranianos, entre otros. En las últimas décadas en cambio, llegan a la Argentina inmigrantes de otros países sudamericanos, sobre todo chilenos, peruanos, bolivianos, paraguayos, uruguayos y brasileros, entre otros.

Sin embargo, los cien mil armenios que viven en argentina, no son descendientes de inmigrantes, como los nietos de todos los anteriormente nombrados. No, son muy distintos porque distinta era la condición con la que llegaron sus abuelos. Los armenios no eran inmigrantes como los otros. Eran refugiados. Refugiados del primer genocidio del siglo XX. Del cual se han cumplido cien años. Y por eso, sus hijos, nietos y bisnietos también son refugiados. Y podrán seguir pasando las generaciones, y seguirán siendo refugiados. Mis hijas Aní y Nuné son pequeñas y espero que les toque una buena vida en Argentina, su país. Pero, por más que sean muy felices, siempre serán también armenias, además de argentinas. Y serán refugiadas, hasta que el mundo no deje de lado su complicidad hipócrita, su indiferencia asesina. Hasta que la República de Turquía no reconozca su pasado genocida. Hasta que no haya una reparación histórica y también civil para el millón y medio de armenios víctimas del primer genocidio de la historia.

Siempre recordamos aquella frase atribuida a Adolf Hitler que hacía alusión a que nadie recordaba en 1939 las masacres de armenios. Esa impunidad daba lugar a la repetición de la tragedia.

¿Quiénes son los que hoy piensan y actúan como Hitler, apelando a la indiferencia, a la amnesia o a la desinformación del mundo? Son los que han creado este nuevo Frankenstein llamado Estado islámico, que está a las puertas de perpetrar un nuevo genocidio contra los armenios. Con persecuciones, deportaciones masivas, violaciones sistemáticas de mujeres, degüellos, enterramientos de personas vivas. Con exilios forzados y nuevos refugiados.

Y el punto de partida de esta nueva tragedia para la armenidad es justamente Alepo, el punto final de aquel genocidio de hace cien años. Cual cruel paradoja de la historia.

Los culpables son los mismos de siempre.

El cine que nos cuenta el Genocidio armenio

Arthur Ghukasian

En Armenia y en más de cincuenta países de los cinco continentes en los que viven influyentes colectividades de armenios, descendientes del exterminio y expulsión decretados por el Gobierno de Turquía en 1915, se movilizaron infinidad de instituciones de cara a la conmemoración del centenario del genocidio. Actos culturales, libros, tribunas de opinión, exposiciones, congresos, páginas web, documentales, videos grabados en las últimas décadas con el testimonio de supervivientes de las masacres... El mundo del cine anunció varios rodajes con esta temática y el prestigioso director armenio-francés Robert Guédiguian, autor de una veintena de películas, y su productora parisina Agat Films, fueron los primeros en tomar la salida, y ya en la primavera de 2014 comenzaron a rodar, primero en Armenia y después en Líbano, una película que se estrenaría en 2015 y tendría también como escenarios otros lugares con colectividades armenias numerosas o en las que hubo actividad del ASALA (Ejército Secreto para la Liberación de Armenia), un grupo armado que surgió en los años ochenta con la tercera generación de armenios nacidos de la diáspora.

En abril de 2014, el cineasta comenzó a rodar en Armenia esta película sobre el Genocidio. Se titula *Une histoire de fou* y está libremente inspirada en la vida y obra de José Antonio Gurriarán, el periodista y escritor español que, en diciembre de 1980, fue gravemente herido en Madrid por una bomba colocada en unas líneas aéreas por el ASALA y, lejos de mantener una actitud de denuncia o de odio hacia los que le habían malherido, intentó conocer los porqués de sus actos: los buscó por medio mundo, los localizó en Líbano, conversó con ellos y con sus jefes Alec Yenicomchyan y Monte Melkonian, les habló de los daños inútiles producidos a lo largo de la historia por grupos terroristas y les pidió que abandonaran las armas y se pasaran al bando del pacifismo, en su criterio «una bomba mucho más eficaz y potente que la Goma-2».

Gurriarán relató este encuentro en el libro *La Bomba,* publicado en 1982 por Editorial Planeta, de Barcelona, en el que cuenta sus encuentros en Líbano con los autores del atentado y describe el Genocidio armenio llevado a cabo por Turquía y su negación por los gobiernos de Ankara como causa primera de este y de otros grupos armados que en aquella década llevaron a cabo acciones violentas, en su mayor parte contra intereses turcos. Veinticinco años después, el periodista publicó en la editorial Plaza & Janés, *Armenios, el genocidio olvidado,* resultado de un viaje por Armenia y su historia, acompañado por diez armenios de diferentes países con raíces en las masacres de 1915.

Los tres millones de armenios que viven en Armenia y los más de ocho millones de la diáspora, se movilizaron aceleradamente a medida que nos aproximábamos al 24 de abril de 2015, fecha en la que se cumplía el centenario del inicio del genocidio planificado por el Gobierno de los Jóvenes Turcos para exterminar, expulsar y expropiar a los armenios de los territorios del Imperio otomano en los que vivían, tenían su propio idioma, religión, cultura, centros cívicos y monumentos, desde mucho antes de la llegada a ellos de las tribus turcomanas a partir del siglo XIII.

Organizaciones jurídicas, asociaciones armenias de todas las tendencias, procedencias y edades, trabajaron activamente para que el Centenario del Genocidio fuera la gran oportunidad para lograr que todo el mundo conociera y reconociera el primer genocidio del siglo XX, que exterminó a millón y medio de armenios y expulsó al desierto y a la diáspora a cientos de miles. Un genocidio que sirvió de modelo a Hitler para llevar a cabo el holocausto y sacrificio del pueblo judío y que testificaron las delegaciones diplomáticas de las naciones acreditadas ante la Sublime Puerta y los historiadores más prestigiosos, desde Arnold Toymbée al turco Ackam. Un genocidio que minimizan, ocultan o niegan obsesivamente todos los gobiernos de Ankara desde hace cien años.

El poder económico y comercial de Turquía y la situación geoestratégica de sus bases militares, unido a su empeño en ocultar el genocidio, lograron detener el reconocimiento oficial de muchos países y líderes políticos que se habían comprometido a hacerlo. Aun así, cada día son más las naciones que se suman a Argentina, Uruguay,

Francia y a otras que figuraron siempre en primera línea en la defensa de la verdad histórica.

En los últimos tiempos se han producido acontecimientos que, cada vez en mayor grado, favorecen la posición de la causa armenia y dejan en mal lugar los esfuerzos negacionistas de Turquía. En primer lugar, las valientes declaraciones del papa Francisco, en su encuentro con el catolicós Karekin II —el máximo líder espiritual de la Iglesia Apostólica Armenia—, calificándolo como el primer genocidio del siglo XX. En segundo lugar, la ley impulsada por el Gobierno de Sarkozy, que ahora parece estar dispuesto a apoyar François Hollande, que castigaría con penas de prisión a los que nieguen las matanzas. En igual relieve podría situarse el reconocimiento por parte del Consejo Nacional Judío de Estados Unidos, después de muchos años de silencio, y el compromiso de hacerlo de Barak Obama, respondido con la amenaza del gobierno turco de cerrar sus bases a los aviones de la OTAN.

Mención especial merecen numerosas organizaciones internacionales de armenios dedicadas a la investigación histórica y jurídica que, en los últimos años, han recopilado infinidad de documentos, fotografías, grabaciones y declaraciones escritas de gentes que sufrieron directamente el genocidio o lo sufrieron sus antepasados. En este aspecto, destaca la investigación llevada a cabo por la Fundación Luisa Hairabedian, de Buenos Aires, y sus éxitos ante los tribunales en los que acreditaron el exterminio a manos de Turquía de cincuenta miembros de su familia. El juez argentino Néstor Oyarbide, basado en que los delitos de lesa humanidad no prescriben, dictó una sentencia que abre la vía jurídica a otras denuncias y reclamaciones y que dice así:

> [...] el Estado turco ha cometido el delito de genocidio contra el Pueblo Armenio, en el periodo comprendido entre los años 1915 y 1923, en el que fueron asesinadas millón y medio de personas mediante una «estructurada planificación exterminadora».

Entrevista con José Antonio Gurriarán

En Madrid, y para que nos hable de su colaboración con el cineasta Robert Guediguian, localizamos al exdirector del diario *Pueblo,* José Antonio Gurriarán, al que habíamos entrevistado en otras ocasiones, primero en Armenia cuando recogía información para sus libros y se reunía con los antiguos responsables del disuelto ASALA, y después en Argentina, en cuya feria del libro habló en el pabellón de Armenia y en la presentación de la *Historia del pueblo armenio,* de Ashot Arzrunit, por su hijo Rubén Sirouyan.

Por el boletín informativo de la Asociación Armenios de Madrid sabíamos que el escritor y periodista prosigue su actividad en defensa apasionada de los armenios y en denuncia del genocidio, a pesar de quebrantos recientes de salud, consecuencia del atentado que sufrió hace treinta años, y de una caída que le obligan a estrictos programas de rehabilitación y a andar en silla de ruedas. Hace meses, intervino ante la Comisión de Exteriores del Senado Español presidida por Muñoz Alonso, junto con representantes de los partidos políticos mayoritarios de España y de la República de Armenia, para poner de relieve la cerrada posición de Turquía. En igual sentido, habló en la presentación de la exposición que, sobre el Genocidio, inauguraron en la capital española la Embajada de Armenia y la asociación Armenios de Madrid. Por otra parte, mantiene contactos diarios con múltiples organizaciones armenias y anima a unos y otros a trabajar con la vista puesta en las efemérides del centenario del Genocidio.

—Será una buena oportunidad para que el mundo fije su mirada en Armenia y en el genocidio de 1915… —le decimos.

—Una oportunidad única y posiblemente irrepetible —responde Gurriarán—, que no se puede desaprovechar, para que todos los armenios se movilicen en pro del reconocimiento, para que el mundo civilizado presione al Gobierno turco y le fuerce a admitir, pública e inequívocamente, el brutal comportamiento de sus antepasados. Una gran oportunidad también para Turquía de corregir cien años de silencio cómplice y errores. Por diferentes contactos e informaciones y por lo que sale ya en Internet, tengo la impresión de que la movilización de los armenios de todo el mundo va a ser muy importante entre las nuevas generaciones y en los ambientes políticos, religiosos, jurídicos y artísticos. Por otra parte, cada vez son más los intelectuales turcos que, en línea con el Nobel de Literatura Orham Pamuk, disienten de la posición de su Gobierno y defienden sin miedo el reconocimiento del Genocidio.

—¿Cree que la película de Robert Guediguian basada en su vida y otras que se anuncian con actores internacionales como Delón, Dustin Hoffman, etc., contribuirán a ese reconocimiento?

—Por el guion, que tuvo la atención de enviarme Robert, y por las informaciones que me suministran él y su productor Marc Brodure, estoy convencido de que va a ser una película muy interesante, sería y didáctica. El guion es muy libre y, más que en mi actitud y escritos, está basada en el Genocidio armenio, que es lo fundamental y que, como descendiente de armenios, el director marsellés conoce perfectamente.

—Le gustó el guion, ¿coincide con su interpretación del terrorismo, el ASALA y el Genocidio?

—Me gustó mucho, tiene el sello del cine social y humano de Guediguian, unido a su conocimiento profundo del genocidio y de la diáspora armenia de la que forma parte. Y tiene la calidad del guionista Gilles Taurand, que vino a verme a Madrid, junto con Guediguian y el productor Marc Brodure. En el análisis del genocidio de 1915 y del ASALA creo que coincidimos. En otras cosas no es preciso, un buen guion camina por libre, entre otras razones porque el lenguaje literario y el cinematográfico son diferentes. Guediguian y Taurand, el tema del terrorismo político lo tratan, a un tiempo, con valor y con delicadeza y lo enmarcan en las circunstancias históricas que lo propiciaron. Se reunieron con los antiguos miembros y dirigentes del ASALA, recorrieron Armenia, repasaron sus hechos históricos... En cierto modo hicieron lo que yo. El guion me recuerda el *Munich,* de Steven Spielberg: la búsqueda y ajusticiamiento de los responsables de una matanza, el mundo cerrado de los grupos armados. El origen judío de Spielberg y el armenio de Guediguian, contribuyen a los paralelismos.

—¿En qué temas?

—Una película no se debe contar, pierde interés. Solo te diré, porque ya lo ha declarado Guediguian, que el guion de *Une histoire de fou* comienza con verismo histórico y fuerza dramática: la ejecución por un joven armenio de Talat Pashá, uno de los tres ministros turcos responsable de la planificación del genocidio. Quizás el máximo responsable, porque era el ministro de Interior.

—¿Crees que el filme se verá en Turquía?

—Ojalá, indicaría un cambio muy positivo del Gobierno turco, pero me temo que no lo autoricen. En este país están prohibidas la mayor parte de las películas que se han filmado sobre el Genocidio armenio. En primer lugar, *Los cuarenta días del Musa Dag,* hasta ahora las gran película sobre el genocidio, basada en la novela de Franz Werfel; por otra parte, la movilización del pueblo armenio y de los que simpatizamos con él, para que se conozca y reconozca su tragedia, es hoy muy importante y lo será más en 2015, el año del centenario. Sin duda contribuirá mucho a ello la película de un descendiente del genocidio como Guediguian, que está haciendo un filme históricamente riguroso y veraz y cinematográficamente atractivo.

Entrevista con Robert Guediguian

Antes de viajar a Líbano para rodar, Guediguian respondió a siete preguntas que sobre el tema le hizo el periodista argentino Cristian Sirouyan:

1. ¿Cuál es la principal motivación que lo llevó a filmar *Une histoire de fou*? ¿Siente como un mandato ancestral la necesidad de crear una obra que refleje la gran tragedia armenia de 1915?

Si, por supuesto: mis orígenes, el centenario del genocidio… pero sobre todo, hacer una película sobre lo que la humanidad aun no consigue pensar y admitir, es algo que me preocupa desde hace muchos años. Mi madre es alemana, mi padre armenio, mis raíces son las de un pueblo *genocidiado* y un pueblo *genocidiario*.

2. ¿Qué información recibió usted sobre la suerte corrida por sus propios familiares durante el genocidio?

Muchos relatos atroces: la hermana de mi abuelo se defenestró, uno de mis tíos abuelos vivió durante cuatro años en el desierto, rescatado por los beduinos… Recuerdo especialmente una tía abuela que cruzó el desierto de Deir Zor. Ella tenía 6 años y algunas joyas de su familia habían sido cosidas en su cinturón para ocultarlas. El cinturón pesaba mucho y ella se peleaba con su madre para que se lo quitara. Nunca volvió a ver a su madre y luego se arrepintió de haber tenido esa actitud con ella.

3. ¿Qué aspectos de la historia de vida de Gurriarán le impresionaron especialmente?

Muy claramente, yo tengo mucha admiración y estoy lleno de

respeto ante la actitud del Sr. Gurriarán, que en mi opinión es la única actitud correcta en cualquier situación. Quiso comprender antes de juzgar... Y también me dio el punto de vista de la película, el de la víctima inocente.

4. ¿Cree que esta película puede ayudar a revertir la historia oficial relatada desde hace casi un siglo por el Estado turco, con la complicidad de las grandes potencias?

En cualquier caso tomará parte en esta lucha, espero que su impacto sea lo más importante posible.

5. ¿Tuvo alguna incidencia o colaboración para la película la comunidad armenia de Francia?

Sí, la comunidad armenia espera esta película con mucho entusiasmo y nos ayudó con los decorados, la documentación, los extras...

6. ¿Cómo reaccionaron las autoridades y el público de Armenia cuando se enteraron de su proyecto de filmar *Une histoire de fou*?

La minúscula república de Armenia, hoy independiente, apoya directamente el rodaje a través del Ministerio de la Cultura y nos ayudó cuando rodamos una semana en abril en Ereván durante las conmemoraciones del 99 aniversario del genocidio.

7. ¿Qué perspectivas tiene de cara al centenario del Genocidio? ¿Es optimista con algún avance importante en el reclamo de reconocimiento oficial por parte de Turquía?

El último discurso del presidente turco Recep Erdogan al respeto no es muy alentador. Pero como decía Gramsci, «hay que combinar el pesimismo de la inteligencia con el optimismo de la voluntad». Llegará el día...

Une histoire de fou. Declaración de intenciones

Con este título, el director de *Une histoire de fou* explica cómo y cuándo le surgió la idea de hacer su película y qué pretende con ella:

> Desde hace mucho tiempo yo pensaba hacer un filme sobre la tragedia armenia... Como una obligación, una responsabilidad... Pero eso me parecía imposible, más que por la documentación más cercana, por la naturaleza del trabajo teórico.
>
> Fue entonces, al conocer la historia de José Antonio Gurriarán, un

joven periodista que estuvo a punto de perder sus piernas después de un atentado cometido por armenios en 1980 en Madrid, cuando se me apareció la posibilidad de una ficción.

José Antonio Gurriarán ha buscado para reencontrarse con los autores de la bomba que le paralizaron. Para sobrevivir ha querido comprender, es decir, etimológicamente, buscar los lazos comunes entre la causa y los efectos. Se ha convertido hoy en el principal defensor del Genocidio armenio en España y ha escrito dos libros sobre la causa armenia.

Yo había encontrado a una persona alcanzada en su cuerpo por un conflicto no resuelto y que le era desconocido del todo. Esto me permitió universalizar, gracias a esta encarnación, la cuestión del reconocimiento del Genocidio armenio que concierne, por supuesto, como todos los genocidios, a la humanidad entera.

La negación, el ocultamiento de la historia son siempre consustanciales con la actuación de los genocidas. La historia, como se sabe, está escrita siempre por los vencedores. A los vencidos solo les queda la fría memoria. Nosotros tratamos de hacer también la historia de esa memoria.

Mi intención es transparente, más clara que nunca. Yo hago este filme para exigir el reconocimiento oficial del Genocidio armenio, perpetrado por el Estado turco en 1915.

La pesadilla del Estado de Turquía, después de un siglo de empeño, ha conseguido que la herida siga abierta. Yo lo lamento en este centenario con la única arma que poseo, el cine.

Robert GUEDIGUIAN

Piedras vivas de Armenia en el Líbano

Fernando José Vaquero Oroquieta

Víctima de un genocidio perpetrado hace cien años y tozudamente negado por las sucesivas autoridades turcas, un nuevo éxodo aflige al pueblo armenio. En esta ocasión, son sus comunidades radicadas en Siria e Irak las perseguidas, en el fragor del recrudecimiento de la guerra en ambos países, provocado por la irrupción brutal y victoriosa del Estado islámico de Irak y Levante (ISIS) y otras facciones islamistas radicales como el Frente al-Nusra (adherido a Al Qaeda).

En Siria vivían unos ciento veinte mil armenios antes de la presente crisis humanitaria; ochenta mil de ellos en la todavía hoy martirizada ciudad de Alepo. La mayor parte de estos últimos ya han abandonado el país; así como los antaño residentes en localidades casi enteramente armenias (caso de Kaassab). Como iconoclastas extremos, los terroristas de ISIS, además de haber provocado este nuevo éxodo, también se han dirigido contra el patrimonio histórico y material del pueblo armenio. Ha sido el caso de la destrucción, el pasado 21 de septiembre de 2014, por militantes de esa facción, del memorial del Genocidio armenio de la iglesia de los Santos Mártires, que albergaba restos de innumerables víctimas, situado en el desierto de Der Zor, al noreste de Siria; precisamente allí, donde cientos de miles de armenios murieron a partir de 1915 —de hambre, sed y malos tratos— en la deportación perpetrada por las fuerzas turcas en el marco del Genocidio armenio.

Por lo que respecta a Irak, unos veintidós mil armenios permanecían en el país del Tigris y el Éufrates; principalmente en las ciudades de Bagdad, Basora, Kirkuk y Mosul. Pero ha sido forzada a emigrar la inmensa mayoría de quienes habitaban allí donde el ISIS se ha hecho fuerte: en el territorio mayoritariamente sunita de Irak en el que han proclamado el Califato. Como ejemplo paradigmático de este desastre —uno de tantos y no el más dramático— recordemos cómo la iglesia armenia Surp Echmiadzín de Mosul resultó incendiada tras la entrada de ISIS en la segunda gran ciudad de Irak el 10 de junio de 2014.

Una parte significativa de estos armenios, ahora refugiados como ya lo fueron sus antepasados en sucesivas oleadas, se han establecido en Líbano, donde ya radicaba una comunidad de unas ciento cincuenta mil personas (descendientes en gran medida de supervivientes del genocidio que sufrió Armenia occidental, o Cilicia) y, en menor medida, en la actual Armenia.

Líbano es un pequeño, complicado e inestable país, de una extensión muy similar a mi Navarra natal. Está atravesado por dos cordilleras paralelas a su costa, de 225 kilómetros de longitud, el Chouf contiguo a Monte Líbano y el Antilíbano fronterizo con Siria. Entre ambas se sitúa el fértil valle central de la Bekaa, a 700 metros de altura, en el que se genera una riqueza agrícola formidable que surte de magníficos alimentos a buena parte de Próximo Oriente; albergando, además, las mayores ruinas en pie de la Roma imperial. Las más altas cimas de sus —en buena medida— desforestadas montañas, de más de 3000 metros de altitud, recogen grandes nevadas que pueden disfrutarse buena parte del año. Y en unas pocas de sus bíblicas laderas pueden visitarse, todavía, las últimas reservas de los milenarios cedros. Con todo, apenas un 38 % de esta tierra es cultivable. En contraste con esta formidable naturaleza, lamentablemente, se sufre una terrorífica contaminación urbana; observándose a simple vista numerosos desastres ambientales y ecológicos provocados por construcciones arbitrarias y otras intervenciones sobre el terreno.

Sus primeros habitantes, ya en el Neolítico, excavaron las primeras habitaciones en roca de la humanidad; les sucederían fenicios, egipcios, asirios, hicsos, macedonios, griegos, romanos, bizantinos, árabes, cruzados, mamelucos, otomanos, armenios, franceses, kurdos, sirios… ¡En Líbano se inventó la escritura y predicó Jesucristo!

Unos cuatro millones de libaneses se apiñan en ese exiguo territorio, abrupto y montañoso, junto a otro millón —acaso— de inmigrantes que realizan los trabajos que no quieren los autóctonos para sí, más dos millones de novísimos refugiados sirios, otro millón de palestinos, varios cientos de miles de kurdos…

Los contrastes del país, también desde la perspectiva de la geografía humana, son abismales. Gigantescas urbes como Beirut y, en menor medida, Trípoli; por contra, cientos de pequeños pueblos de montaña, con decenas de millares de casas en parsimoniosa edificación. Y la riqueza más opulenta y descarada que contrasta —dolorosamente— con la miseria de quienes poseen muy poco…

Mencionemos, por último, la existencia de, nada menos, 18 comunidades de base religiosa: cristianos (católicos, ortodoxos y protestantes) y musulmanes (sunitas, chiíes, drusos, alauitas).

Semejante mixtura ha provocada, también a resultas —en parte— de la descolonización francesa, una confrontación civil permanente. Por ello, Líbano ha sido, y lo sigue siendo, campo de batalla del imperialismo europeo en su día, del nacionalismo libanés, del panarabismo de Nasser, del ideal de la Gran Siria del Baas y de Anton Saade, de quienes han redescubierto como ideal político la Umma de los «califas perfectos» (que ha llevado a algunos libaneses a las filas de Al Qaeda y Estado islámico), del formidable resurgir chií de la mano de Hezbolá y Amal animado por Teherán…

No podía ser de otro modo: el país permanece profundamente dividido entre numerosos partidos políticos antagónicos, que responden a intereses propios de clanes familiares y clientelares más que a académicos criterios ideológicos. Siendo su línea divisoria «a favor o en contra del régimen de Bachar el-Assad en Siria», unos veinte partidos están representados en el parlamento nacional, padeciendo un gobierno endémicamente débil; contrarrestados ambos por una sociedad estructurada desde sus comunidades y lealtades reales. El ejército nacional libanés, única estructura transversal y de autoridad reconocida, pese a su escasa capacidad y arrojo bélico, está desplegado por todo el país. No obstante, la principal y más acreditada fuerza armada del país es la milicia de Hezbolá: mini-estado, partido, ¿exgrupo terrorista?

Cuando el visitante accede al centro de Beirut, desde la autovía que pasa por el aeropuerto, tras el impacto causado por los suburbios chiíes del sur controlados por Hezbolá (cuya fisonomía es más propia de una ciudad norafricana, por ejemplo, los farragosos barrios de El Cairo o Casablanca, salvo por la omnipresente iconografía chií y proiraní), los primeros edificios que reclaman poderosamente su atención son unas iglesias de evidente e inapelable factura armenia. Los armenios de Beirut, no obstante, se concentran en dos barrios concretos de tan moderna como caótica urbe: Burj Hamud, en el que residen acaso unos cincuenta mil de ellos, y, en menor medida, Antelias.

Otras decenas de miles armenios viven por el resto del país; una parte significativa de ellos, concentrados en localidades enteramente armenias; como Anjar, en la llanura de la Bekaa. Esta villa —cuidada, limpia y ordenada, que linda con la vecina Siria— era visitada, con anterioridad al recrudecimiento de la violencia en esta área, por decenas de miles de turistas que se aproximaban a los restos de la ciudad omeya de Anjar y a las inauditas y desbordantes ruinas romanas de Baalbek.

En el sistema del Estado confesional libanés, la comunidad de origen armenio participa con seis diputados en el parlamento; siendo sus partidos políticos más importantes el Hunchak (próximo a la antisiria Alianza 14 de Marzo) y el Tachnag (asociado a la Alianza 8 de Marzo, controlada por Hezbolá). Y, desde 1943, es común la presencia de algún ministro armenio en los sucesivos gobiernos libaneses.

Los armenios del Líbano, al igual que sus hermanos de diáspora en otras latitudes y continentes, conservan celosamente su lengua, su religión (mayoritariamente ortodoxa, existiendo también una comunidad católica y otra evangélica), su antigua cultura, y sus lazos sanguíneos. Cuentan con sus propias escuelas, además de la prestigiosa universidad Haigazian en Beirut, fundada en 1955. Allí donde viven mayoritariamente armenios, barrio o pueblo, se evidencia el orden y la limpieza públicos. Existen, además, numerosas asociaciones filantrópicas y caritativas, así como asilos, dispensarios y hospitales, muy apreciados por el resto de libaneses.

Cuando se conversa con libaneses, sea el que fuere su credo o condición, u otros veteranos residentes, todos coinciden en destacar el espíritu de solidaridad de los armenios, que «tienen palabra», y que son «gente de trabajo».

Con todo, el centro de sus vidas siguen siendo sus características y bellísimas iglesias, monasterios, y capillas ubicadas en cementerios. Como ejemplo ilustrativo de esta particular presencia arquitectónica, mencionaremos el magnífico libro *Les églises arméniennes du Liban* (de Raffi Gergian, Université Saint-Joseph, Beirut, 2011), en el que se fotografían y describen unas sesenta de tales construcciones.

Es en el barrio beirutí de Antelias donde radica la sede del catolicós de la Santa Sede de Cilicia, establecida inicialmente en Sis en 1293, hasta que fuera destruida en 1915 en el contexto del Genocidio armenio; y finalmente refundada en 1930 en Beirut. Es en ese espacio donde se ubica un tan desconocido como extraordinario Museo de Cilicia, inaugurado el 30 de marzo de 1998. Allí se reunió lo poco que pudieron conservar los maltrechos supervivientes del genocidio, de la historia y el arte de los armenios de Cilicia: desde la época del reino medieval de Armenia Menor, en el siglo XI, hasta la masacre y deportación de 1915.

Una parte relevante de los tesoros artísticos allí expuestos —de una densa carga emocional que puede palparse *in situ*— proceden de la iglesia patriarcal de Santa Sofía de Sis; salvados por los refugiados en huida y deportación hasta Alepo, en Siria y, finalmente, a Antelias.

Impresiona, en particular, la gran lámpara sacra, allí expuesta, procedente de la bóveda de dicha iglesia patriarcal. Dividida en varios cientos de fragmentos, fueron distribuidos oportunamente por los monjes entre unos agotados supervivientes expoliados de todo bien y que únicamente portaban harapos. Tras una odisea de persecución, destierro y muerte, la gran lámpara pudo ser reconstruida con devoción y mimo. Se trata, pues, de una verdadera *piedra viva,* auténtico símbolo que sintetiza, tan bella como dramáticamente, la historia y memoria de las comunidades armenias. Un pueblo de *piedras vivas* (no en vano, allí donde vive un armenio está presente Armenia) que exige ejemplarmente —a pesar de los cien años transcurridos y del desinterés de buena parte de la comunidad internacional— verdad, justicia, reconocimiento y reparación.

Las otras víctimas del Imperio otomano

Luciano Andrés Valencia

Hacia fines del siglo XIX, el Imperio otomano, que en su momento de máxima expansión se había extendido desde los Balcanes hasta Asia Central, se encontraba en decadencia como consecuencia de las pérdidas territoriales y la competencia desventajosa en que se hallaba respecto a las potencias imperialistas. La independencia de Grecia, declarada en 1821 y concretada en 1830, así como la pérdida de Argelia a manos de Francia en 1830, marcaron el comienzo de su desmembramiento. Sin embargo, el Imperio sobrevivió gracias a la ayuda de Gran Bretaña y Francia que veían al Sultanato como un frente al expansionismo del Imperio ruso, por lo que no dudaron en ayudarlo en la guerra de Crimea (1853- 1856).

Frente a esta situación, las elites gobernantes turcas responsabilizaron a las minorías étnicas y nacionales de complicidad con las potencias rivales y de controlar la economía del Imperio. Entre 1820 y 1890 se produjeron masacres de población armenia, griega y búlgara que le costaron la vida a más de cien mil personas. Durante el reinado del sultán Abdul Hamid II (1876-1908), se llevaron adelante las masacres hamidianas, de 1894 a 1896, en que fueron asesinadas entre doscientas y trescientas mil personas pertenecientes a la comunidad armenia.

No obstante, estas masacres no evitaron que el desmembramiento se acelerara, por lo que las elites turcas plantearon la necesidad de «volver a las fuentes». El pueblo turco es originario del Turán, en Asia Central, y desde allí se extendieron hasta Asia Menor y los Balcanes en el siglo XI, para tomar Constantinopla en 1453, consolidándose el Imperio otomano que se extendía por un territorio en el que habitaban decenas de pueblos indígenas o que habían emigrado con anterioridad. A principios del siglo XX, la doctrina del otomanismo, que proponía la fusión de pueblos cristianos (eslavos, griegos, asirios, armenios) y musulmanes (árabes, turcos, kurdos, tártaros, kazajos, chechenos), fue dejada de lado por el panturquismo o panturanismo, que proponía la unión de todos los turcos desde el Bósforo hasta China. Los pueblos que obstaculizaran este proyecto debían ser expulsados, apartados o exterminados. Pero un gobierno débil y corrupto como el de Abdul Hamid no podía llevarlo a cabo.

En 1908 se produjo un movimiento revolucionario liderado por los Jóvenes Turcos, un grupo de oficiales del Ejército e intelectuales nucleados en el Comité Unión y Progreso o Ittihad Ve Terakki, que derrocó al Sultán y restauró el Parlamento y la Constitución abolidos en 1876. Las minorías étnicas y nacionales apoyaron en un primer momento la ideología liberal y emancipadora del nuevo Gobierno. Pero rápidamente los Jóvenes Turcos demostraron que su verdadero objetivo era la puesta en marcha del proceso de turquificación que imponía una nueva nacionalidad turca en el Imperio. En 1909 se produjeron en la provincia de Cilicia las masacres de Adaná, en donde fueron asesinadas alrededor de treinta mil personas de la comunidad armenia y otras minorías nacionales. También se persiguió a los movimientos independentistas árabes de Palestina y Yemen.

En 1913, como consecuencia de la guerra de los Balcanes, se produjo un golpe de Estado por parte de la fracción ultranacionalista de los Jóvenes Turcos liderada por los *pashá* Djemal, Enver y Talat. Las pérdidas territoriales en Europa orientaron el panturquismo en dirección a Asia, con la consiguiente persecución de las minorías que no entraran en este proyecto.

Este fue el sector que llevó a cabo el Genocidio armenio ocurrido durante la primera guerra mundial (1914-1918), en el que fueron masacradas más de un millón y medio de personas. No obstante, no fueron las únicas víctimas del Imperio otomano ya que también se cometieron masacres de otros grupos étnicos y nacionales.

Una de estas masacres fue el llamado Genocidio de los griegos pónticos y anatólicos. Entre los siglos VIII y VI a. de C. se fundaron colonias griegas a lo largo del mar Mediterráneo, donde se consolidaron ciudades-Estado en la península de Anatolia y el Cáucaso. Tras la dominación otomana, la población griega quedó asentada mayoritariamente en las regiones del Ponto y en las provincias del sudeste del mar Negro.

Antes de la guerra hubo ataques a los griegos de la costa marítima y después le tocó el turno a los de Tracia, que fueron desplazados al interior de Anatolia. Se calcula que, en menos de cuatro meses, fueron desterrados cuatrocientos mil griegos del litoral mediterráneo y arrojados a las islas del Egeo. A las zonas despobladas de población griega se trasladaba población turca de Tracia y Macedonia para que fueran mayoría numérica. En tanto, a los griegos desplazados se los utilizó en un primer momento en el ejército para luego despojarlos de su condición militar. Allí fueron torturados, sometidos a trabajos forzados o asesinados en las «marchas de la muerte». A los pocos sobrevivientes se les ofreció la conversión al islam como condición para no ser asesinados, y a los niños se los repartía entre familias turcas. En tanto, cientos de mujeres y niñas fueron esclavizadas sexualmente en los harenes de los gobernantes otomanos.

Como sucedió con los armenios, se acusó a los griegos de haberse apoderado de la economía turca y de ser un peligro para la seguridad del Imperio. En folletos anónimos que circulaban entre la población turca, se decía que Grecia era un país falso y que los comerciantes griegos enviaban dinero a los Balcanes para comprar armamento destinado a la invasión de Anatolia.

Luego, se procedió a vaciar las islas del mar Egeo de población griega mediante masacres y deportaciones. El ministro del Interior Talat Pashá dijo que no hubo deportaciones forzadas sino éxodo voluntario. Si bien algunas personas habían optado en años anteriores por emigrar a Grecia, al que veían como un *estado santuario,* la gran mayoría fue forzada a abandonar sus hogares por las fuerzas imperiales.

De acuerdo a diversas fuentes, la cifra de muertos en el Genocidio griego fue de entre trescientas mil y trescientas sesenta mil personas. En la actualidad, la minúscula comunidad griega de Turquía conmemora anualmente el genocidio el día 14 de septiembre en reconocimiento a la caída —en 1922— de la ciudad de Esmirna, protegida por milicias griegas y armenias, que fue saqueada e incendiada en medio de una masacre de la población por parte del ejército otomano.

Al igual que con el Genocidio armenio, el Estado turco —heredero responsable del Imperio otomano— se niega a reconocer el Genocidio griego, señalando que llamar *genocidio* a estos actos «reafirma la tradicional política griega de distorsionar la historia». La ONU tampoco reconoce que hubiera un genocidio. El Gobierno Federal de los Estados Unidos, aliado a Turquía desde los tratados petroleros de 1923, ha evitado pronunciarse al respecto, aunque algunos estados norteamericanos lo han reconocido.

Otra víctima del Imperio fue el pueblo asirio. De origen semita, se trata de una de las naciones más antiguas del mundo, habitantes del antiguo Imperio asirio que se expandió por Mesopotamia, donde conquistaron los reinos de Babilonia, Sumeria y Acad, y asimilaron a las tribus arameas de las que tomaron su lengua como oficial. Luego de la caída del Imperio asirio en el 605 a. de C., el pueblo asirio pasó a ser minoría en territorios gobernados por otras etnias. Entre la Antigüedad y la Edad Media adoptaron el cristianismo como religión.

Durante el siglo XIX, los asirios del Imperio otomano fueron divididos en varios grupos de acuerdo a sus características sociales y religiosas: nestorianos, jacobitas, caldeos y ortodoxos. También se los dividió en dos castas: ashirets (tribus independientes) y rayas (súbditos no musulmanes) que se dedicaban a la agricultura y la ganadería. Los primeros pagaban impuestos al Imperio, mientras que los segundos estaban sometidos al «derecho de pillaje» de bandas turcas y kurdas, y eran obligados a servir en el ejército. También se les prohibía la participación en cargos públicos. Esta política de segregación evitaba que se organizaran en un frente unido contra el despotismo imperial. En 1895, paralela a las masacres armenias, se asesinó a población asiria de Diyarbekir y alrededor de cien mil asirios de 245 aldeas fueron obligados a islamizarse para homogeneizar el Imperio. Se calcula que durante el siglo XIX se asesinó a cincuenta y cinco mil asirios.

Sin embargo, lo peor vendría durante la primera guerra mundial, cuando los Jóvenes Turcos llevaron adelante la *Seyfo* o *Sayfo*, nombre con el que se conoce al genocidio contra el pueblo asirio. Desde mayo de 1915, se produjeron deportaciones en masa de población asiria y armenia en las provincias de Bitlis, Diyarbekir, Erzerum, Kharbeid, Sivas y Van. Los prisioneros fueron exiliados a los desiertos de Siria y Mesopotamia. En Diyarbekir, el exterminio fue comandado por el gobernador Reshid Beid. En Van, el gobernador Jevdev Bey tenía un «batallón de carniceros» compuesto por ocho mil hombres que realizaron terribles masacres como la ocurrida en Hakkari, donde se asesinaron a sesenta mil asirios en la primavera de 1915. En los años siguientes, setenta mil personas fueron asesinadas o murieron de hambre en esa misma región. Estos casos muestran la participación directa de los agentes del Estado.

En el norte de Van también se produjeron masacres. El pueblo de Qochanis, que era un centro religioso asirio, fue destruido completamente. En diferentes lugares, miles de niños fueron asesinados a punta de bayoneta, y hombres y mujeres eran atados y arrojados al Éufrates. Cerca de Erzindjan, los cadáveres acumulados crearon un aluvión que cambió el curso del río durante varios kilómetros. En Gulpashan, se le cobró por «protección» a la comunidad, pero tras pagar, la aldea fue saqueada y la población masacrada.

En su edición del 9 de octubre de 1915, *The Times,* de Londres, publicó los testimonios del reverendo Gabriel Alexander, que señalaba que en Urmia (noroeste de Irán) fueron masacradas doce mil personas de la comunidad asiria nestoriana, además de cometerse violaciones de mujeres y niñas y de saquearse viviendas e iglesias cristianas.

Los asirios sobrevivientes emigraron desde los valles del Gran y el Pequeño Zab, en el sudeste de Turquía y parte de Irak, hacia otras regiones del mundo. La mayor parte vive actualmente en Irak, Siria e Irán, pero también hay numerosas comunidades en Suecia, Gran Bretaña, Dinamarca, Alemania, Francia, México, Chile, Austria, Nueva Zelanda, Argentina, Líbano, Georgia, Armenia y Jordania.

Se calcula que durante la *Seyfo* o *Sayfo* fueron asesinadas entre doscientas setenta y cinco mil y setecientas cincuenta mil personas. Fiel a su tradición, el Estado turco se niega a reconocer este genocidio.

En 2007, la International Association of Genocide Scholars aprobó una resolución con el 83 % de los votos a favor que señala que «la campaña otomana contra las minorías cristianas entre 1914 y 1923 constituyó un genocidio contra armenios, asirios y griegos pónticos y anatólicos».

No obstante, es necesario señalar que estos genocidios cometidos por el Imperio otomano no se debían a enfrentamientos entre cristianos y musulmanes. Si bien al momento de ingresar a la guerra, el Gobierno otomano proclamó la yihad o guerra santa, los principales aliados de Constantinopla eran estados cristianos (el segundo Reich alemán, el Imperio austro-húngaro) y su principal enemigo (el Imperio británico) era aliado de los pueblos árabes musulmanes. Las autoridades otomanas también persiguieron a pueblos musulmanes como los árabes de Palestina y Yemen, y más tarde cometerían genocidio contra los kurdos. Esto explica la buena predisposición de las comunidades árabes para recibir a población armenia, asiria, griega o búlgara. Muchos perseguidos cristianos fueron escondidos y rescatados por civiles turcos, kurdos, sirios y libaneses. Los genocidios cometidos por el Imperio otomano no obedecieron a factores religiosos sino geopolíticos de un Estado en decadencia como resultado de sus propias patologías.

Quizá el genocidio menos conocido de esta serie fue el que tuvo como víctimas a los yazidíes, una comunidad religiosa cuyo origen se remonta al 2000 a. de C. y está relacionada con el zoroastrismo. Sus creencias se basan en la idea de que Dios confió los asuntos del mundo a siete ángeles, de los cuáles el más importante es Melek Taus o «ángel pavo real» que fue creado por la propia iluminación de Dios. Cuando fue creado Adán, Dios pidió a todos los ángeles que se inclinaran ante él. Como Melek Taus se negó, fue desterrado al infierno donde lloró durante siete mil años hasta apagar los fuegos del inframundo. Por eso, los yazidíes no creen que haya un cielo o un infierno, sino que las almas transmigran a otro cuerpo en un proceso que llaman «cambio de ropa». El hecho de reverenciar a un ángel desterrado al infierno llevó a que cristianos y musulmanes los acusaran de «adoradores del diablo».

Se calcula que el número de yazidíes muertos fue de trescientos mil, aunque algunos historiadores consideran que en realidad se trataba de drusos (comunidad religiosa ligada al islam) o de kurdos.

La derrota sufrida en la primera guerra mundial significó el desmembramiento definitivo del Imperio otomano. El 29 de octubre de 1923 se proclamó la República de Turquía como su heredera directa, bajo el liderazgo de Mustafá Kemal *Atatürk*, que ejerció el poder hasta su muerte en 1938. En el artículo 1.º, inciso 3, de sus Principios y Propósitos, Kemal habla de «respeto a los derechos humanos y a las libertades fundamentales de todos sin hacer distinción por motivos de raza, sexo, idioma o religión». Sin embargo, durante su gobierno se llevó a cabo la etapa final del genocidio material y el comienzo del genocidio simbólico a través de la política *negacionista* (del pasado) y la *turcalización* (con miras al futuro) compulsiva de aquellos grupos socioculturales de origen diverso. A través de discursos políticos y dispositivos legales relativamente exitosos, se logró la homogeneización de la población turca a través de un aparato estatal al servicio de la ideología nacionalista dominante. Un ejemplo de estos dispositivos tendientes a excluir a las minorías es la ley de 1932, que prohibía a los griegos el ejercicio de determinadas profesiones como la de abogado.

Un caso que merece ser mencionado es el del pueblo kurdo, ya que, en pocos años, pasó de ser aliado del Imperio —recordemos que sus milicias participaron en las masacres de otros grupos étnicos y nacionales—, a ser perseguido, llegando a negarse su identidad nacional llamándolos «turcos de las montañas» y prohibiendo la palabra *Kurdistán*. El Tratado de Sevrés (1920), firmado entre el derrotado Imperio y las potencias occidentales, reconocía la identidad kurda y se propuso la creación de un Estado kurdo independiente en el noreste de Turquía. No obstante, esto nunca se llevó a cabo y tres años después, el Tratado de Lausana (1923) dividió el Kurdistán entre cinco países (Turquía, Irán, Irak, Siria y la Unión Soviética). Los kurdos que quedaron dentro de territorio turco sufrieron una violenta represión por parte del gobierno de Kemal: en 1925, el *sheyj* (jefe kurdo) Said fue ahorcado en Diyarbekir, en 1927 se sofocó sangrientamente la rebelión de Ishan Nurí en el simbólico Monte Ararat y en 1938 se ejecutó en Dersím por «rebelión contra el Estado» al poeta Aliser y el *sheyj* Riza.

La lucha de las organizaciones armenias desde hace cien años ha llevado a que en la actualidad, decenas de países y organizaciones internacionales reconozcan el «Genocidio contra el pueblo armenio», pero no ha pasado lo mismo con las otras víctimas del Imperio otomano: los pueblos búlgaros, griegos, asirios, yazidíes, kurdos, árabes y drusos. Se calcula que el número total de personas asesinadas en estos genocidios supera los tres millones.

Por lo tanto, luchar por el reconocimiento de todos los genocidios impunes es un acto de justicia y de reparación histórica que se vuelve fundamental en una época en donde nuevos genocidios se están llevando a cabo (como el palestino por el Estado de Israel, del pueblo saharaui por el Reino de Marruecos o las masacres del Estado Islámico) con la colaboración de las mismas potencias imperialistas que desde hace cien años son cómplices y encubridoras de las atrocidades cometidas por el Imperio otomano y su heredero responsable: el Estado turco.

Bibliografía

ABADJIAN, Juan Augusto (coord.) (2004): *Aproximación informativa y estudios analíticos sobre el genocidio armenio.* Centro de Estudios e Investigación Urartu. Buenos Aires, 237 pp.

CHARNY, Israel W. (2011): «Introduction to Special Section on Co-Victims of Armenian Genocide: assyrians, yezidis, greeks». *Special Issue* 5, Winter 2011. [En línea] <http://www.genocidepreventionnow.org/Home/SPECIALISSUE5ARMENIANGE-NOCIDECOVICTIMS/tabid/101/ctl/DisplayArticle/mid/607/aid/216/Default.aspx?skinsrc=%5BG%5D/Skins/GPN/printskin> [Consulta: 3 de junio de 2016].

GRANOVSKY, Sulim (2013): *El genocidio silenciado: el holocausto del pueblo armenio.* Editorial Continente, Buenos Aires, 270 pp.

KHOSROEVA, Anahit (2007): *The Assyrian Genocide in the Ottoman Empire and Adjacent Territories, The Armenian Genocide: Cultural and Ethical Legacies.* HOVANNISIAN, Richard (ed.). Transactions Publisher, New Brunswick, p. 269.

MUTAFIAN, Claude (2008): *El genocidio de los armenios.* Akian, Buenos Aires, 6 p.

PAPAZIAN, Alexis (2007): «Hasta la identidad nos deben». En: BOULGOURDJIAN, Nelida y TOUFEKSIAN, Juan Carlos (eds.): *Genocidio y diferencia, Actas del V Encuentro sobre Genocidio.* Fundación Siranoush y Boghos Arzoumanian, Buenos Aires, .

PAPPE, Illan (2007): *Historia de la Palestina moderna: un territorio, dos pueblos.* Editorial Akal, Madrid, 480 p.

SHMITE, Stella Maris; (2003) «Complejas relaciones de poder sobre el espacio: el caso del pueblo kurdo». *Anuario de la Facultad de Ciencias Humanas de la Universidad Nacional de La Pampa,* n.º 5, Santa Rosa, pp. 73-81.

BENVENUTO, J., LIM, J. (2013): «The Genocide of Ottoman Greeks, 1914-1923». *Rutgers, Newark College of Arts & Sciences University College,* Newark. [En línea] <http://www.ncas.rutgers.edu/center-study-genocide-conflict-resolution-and-human-rights/genocide-ottoman-greeks-1914-1923> [Consulta: 3 de junio de 2016].

THE TIMES (1915): «Urumiah Massacres. Death of 12,000 Nestorian Christians (9 de octubre de 1915)». [En línea] <http://www.atour.com/history/london-times/20000803a.html> [Consulta: 3 de junio de 2016].

La historia no debe escribirse con sangre

Enrique Bustamante

En los tumultos deshumanizados del hombre, en el deambular permanente por desacralizar a los otros hombres, parece ser que no aprendemos de la historia, las muchas ventanas que se abren para mostrarnos masacres, violaciones, muerte, deportación, castigos severos, violencia extrema y dolorosa destrucción del núcleo familiar escritos con sangre y desesperado dolor, en diferentes partes de nuestro planeta.

Hoy mejores vientos nos devuelven el respeto por la dignidad humana, una casa donde podamos vivir todos, un pan de cada día y por qué no, un abrazo con la esperanza de respetarnos los unos y los otros.

Entre 1915 y 1923, el pueblo armenio (cerca de dos millones de personas) fue cruelmente perseguido, maltratado, deportado, exterminado durante el gobierno de los Jóvenes Turcos en el llamado Imperio otomano.

La República de Armenia, es un país del Cáucaso sur y sin salida al mar. Hoy comparte frontera con Turquía y sigue siendo un estado unitario, multipartidista y en permanente proceso de democratización. Es un país transcontinental porque se sitúa en un lugar clave entre Europa y Asia. Siempre ha poseído y aún posee un rico patrimonio cultural.

Para sus enemigos, su fe cristiana, que desempeña hasta hoy un papel importante en su historia y en su identidad, fue una de las causas de la persecución. De esta manera, la etnia armenia inició su viacrucis cuando el 24 de abril de 1915 fueron arrestados sus intelectuales por las autoridades otomanas, razón suficiente para recordar cada 24 de abril el Día del Genocidio armenio.

Los armenios prisioneros fueron obligados a realizar marchas forzadas en condiciones extremas, lo que diezmó la población. Privados de la posibilidad de cargar medios para su elemental subsistencia, marcharon cientos de kilómetros a través de desiertos inhóspitos y territorios agrestes, siendo víctimas de hambre, sed y privaciones varias. Más aún, los sobrevivientes fueron robados, violados por los guardias que en vez de protegerlos combinaron sus atropellos con asesinos y maleantes en el trayecto hacia una tierra inexistente. Una tierra oscura como una permanente celda que castigará por el resto de sus días, el sólo hecho de ser armenio. Sin una voz rebelde que levante el grito para defenderse, sin una comunidad internacional que encuentre el amparo y la redención de este pueblo de seres humanos como nosotros.

Este capítulo nefasto de nuestra historia está considerado el «primer genocidio moderno» y muchos países del mundo creen que efectivamente fue genocidio este nefasto capítulo del siglo xx. Hoy, 42 estados de los Estados Unidos de Norteamérica reconocen oficialmente y de forma abierta el Genocidio armenio. Las artes visuales (cine, arquitectura, escultura, pintura, teatro) y las auditivas (música) entre otras, nos recuerdan el sufrimiento innecesario de este pueblo, a la vez que demuestran en sus expresiones, coloquial empatía.

Es necesario, un siglo después, que las naciones libres del mundo reconozcan como «nación leal» al pueblo armenio porque nos enseñó a vivir en armonía con otros grupos étnicos, como lo hizo con los del Imperio otomano de entonces a pesar de la crueldad y el maltrato sufrido.

Pero también es importante no poner palancas al desarrollo de las comunidades diversas en un mundo civilizado de hoy. Que nuestras manos sirvan para abrigar y no para castigar. Que acompañemos logros en la ciencia, la tecnología y tantas expresiones civilizadas para hacernos responsables de nuestra magnitud como seres humanos de paz. Solo así, los acuerdos entre naciones libres y soberanas permitirán la continuidad del respeto, la solidaridad y el bienestar de todas las etnias del mundo.

Los armenios en España: Levon VI gobernó Madrid en el siglo XIV y la colectividad suma cuarenta mil miembros en el país

José Antonio Gurriarán

No voy a extenderme aquí en el tema del atentado. Lo hice cuando era oportuno en los medios de comunicación y en dos libros, *La Bomba* y *Armenios, el genocidio olvidado,* en los que, desde ideales pacifistas, traté de entender porque había jóvenes tan desesperados que colocaban bombas. Sin embargo, inicio con él este texto porque la fecha marcó un antes y un después en mi vida, que pasó de la casi total ignorancia sobre Armenia y los armenios, a un interés que se convirtió en pasión en la medida en que he ido conociendo a estas gentes, su cultura milenaria, espíritu democrático, religión y esfuerzos para defender sus tierras y mantener su fuerte identidad frente a invasiones continuas. También, porque este interés por descifrar las causas directas o remotas del atentado me impulsó a buscar a sus autores y a visitar colectividades armenias de veinte países y las de toda España con las que, desde entonces, mantengo una relación cordial y frecuente.

Durante el siglo xx, nunca existió una colectividad armenia numerosa, estable y organizada en España, como sucedía en Francia, Líbano, Irán, Argentina, Uruguay, California y en otros lugares con notable presencia y actividad de una diáspora que tenía su origen en el Genocidio. Hace menos de una década, cuando las circunstancias de desarrollo económico, industrial y turístico de la nación hispana parecían las más favorables para que existiera y ya se había establecido en algunas de sus regiones un contingente importante de armenios, en su mayor parte procedentes de la República de Armenia, comenzó la profunda y larga crisis económica mundial, en España especialmente acentuada, que forzó a millares de inmigrantes armenios a buscar nuevos horizontes de trabajo en Estados Unidos y en otras naciones de América, Europa y Oriente Medio menos afectadas por la crisis y, en algunos casos, a regresar a su país.

Por su movilidad y porque muchos de ellos carecían de residencia y permiso de trabajo legales, nunca hubo un censo oficial y seguro de esta colectividad, que algunas de sus organizaciones y fuentes de los ministerios de Exteriores y Trabajo e Inmigración españoles calcularon, antes de la crisis, entre sesenta mil y ochenta mil personas. En cualquier caso, era la más copiosa de todos los tiempos y las áreas de mayor concentración las provincias levantinas de Valencia y Alicante, que gozan de un clima mediterráneo suave muy atractivo para quienes proceden de tierras frías, seguidas de las dos grandes urbes españolas, Barcelona y Madrid.

Por las razones expuestas y por la acelerada salida en los últimos años de millares de armenios que perdieron sus trabajos por el desplome económico, tampoco hoy existe un censo fiable al ciento por cien del número de armenios que hay en España, que continúan establecidos en las áreas citadas. La cifra más creíble oscila entre los treinta mil y cuarenta mil, que estiman extraoficialmente la Embajada de Armenia en Madrid y los departamentos de estadística de algunos gobiernos regionales.

José Antonio Gurriarán se entrevistó en Armenia con los terroristas que atentaron contra su vida.

Un rey armenio en Madrid

Hay dos etapas en la historia de España y de Armenia en las que esta presencia, sin ser numerosa, fue intensa y la relación entre ambos pueblos fructífera. La primera tiene como fecha clave el año 1382, cuando se instaló en el Palacio de Oriente y gobernó Madrid el rey Levón VI, hijo de Isabela de Armenia y de Juan de Lusignan. Una página durante mucho tiempo desconocida de la historia, todavía poco investigada y contada por algunos escritores costumbristas madrileños de finales del siglo XVIII y principios del XIX, el más documentado de ellos, Mesonero Romanos.

Único reducto cristiano del Asia Menor, el reino de Cilicia había sufrido el ataque de los musulmanes durante siglos. En 1375, los mamelucos de Egipto sitian Sis, la capital del reino, la conquistan y hacen preso a su rey, al que llevan a El Cairo. Prisionero del sultán, Levon VI envía, en 1382, una embajada personal a distintos países de Europa, con la misión de obtener el rescate por su libertad. Su objetivo final es pedirles ayuda militar para ser liberado y volver a Cilicia. El papado está entonces dividido entre Roma y Avignon y la embajada recibe buenas palabras pero no tienen éxito sus aspiraciones. El rey de Aragón y Cataluña les entrega dinero, pero también les niega tropas para recuperar el reino. Juan I de Castilla los recibe en su palacio de Medina del Campo, les carga con ricos presentes, escribe al sultán solicitando la libertad del secuestrado y ofrece a éste hospitalidad en su reino y el trato deferente que corresponde a su rango.

Los dos armenios emprenden viaje de regreso a Egipto, también con regalos valiosos que envía Juan I al sultán, acompañados por dos emisarios suyos. El nombre del poderoso rey de Castilla abre entonces todas las puertas: el sultán recibe a la comitiva y les dice que no precisa rescate, que acepta los presentes por proceder del rey de Castilla, pero basta la solicitud de este para dejar en libertad al monarca armenio.

El 30 de septiembre, Levón VI embarca hacia los mismos países europeos que habían visitado sus emisarios, con iguales propósitos de solicitud de ayuda para rescatar su reino. Hace escala en Rodas y en Venecia y solo recibe hospitalidad y parabienes. El Papa Clemente VII le condecora por su defensa de la causa de la cristiandad y le promete ayuda, pero tampoco está dispuesto a organizar una milicia. Levón sale decepcionado de Avignon, donde esperaba ser correspondido por la ayuda de siglos prestados por Armenia a los cruzados.

Juan I de Castilla lo invita a sus esponsales con Beatriz de Portugal en la primavera de 1383 y le trata con gran deferencia. Tras la boda, le hospeda en la Corte de Medina del Campo, con honores de un príncipe real y recibe del rey castellano los señoríos de Andújar, Ciudad Real y Madrid, en cuyo Palacio de Oriente Levón se instala con su séquito. Cuentan los cronistas que con su gobierno mejoró la administración y hacienda de Madrid y que era un hombre trabajador y sencillo que paseaba, a pie y a caballo, por las inmediaciones del palacio. Los miembros de su séquito y otros muchos armenios que se establecieron entonces en Madrid y en los otros dos señoríos que le concedió el rey de Castilla adquirieron fama de tener una especial habilidad para las bellas artes y el comercio.

Con la idea permanente de la recuperación de su reino, Levón VI hizo una última tentativa en la corte francesa. Fue bien recibido e instalado en Paris, pero tampoco obtuvo ayuda para recuperar Cilicia. Desde Francia continuó en permanente y amistoso contacto con el rey de Castilla, al que visitó en alguna ocasión. Murió en Paris y fue sepultado en la Iglesia de Saint Denis, donde una lápida recuerda hoy su nostalgia de Armenia. Su historia es un capítulo que revela las buenas relaciones que tenían los armenios con los países europeos del Mediterráneo y en especial con España.

Comercio con la América hispana

La segunda etapa de presencia armenia destacable en la historia de España la propició el descubrimiento de América por Cristóbal Colón, en 1492, al servicio de los reyes católicos Isabel de Castilla y Fernando de Aragón. La importante riqueza y el intercambio que generaban el oro, la plata, las maderas preciosas y otros productos procedentes del Nuevo Mundo atrajeron a familias enteras de comerciantes armenios que, en su mayor parte, procedían de las ciudades-estado y las repúblicas del Mediterráneo dedicadas a negocios derivados del tráfico marítimo. Se reinstalaron en Sevilla y Cádiz, las dos ciudades andaluzas que prácticamente monopolizaban el rico comercio entre los dos continentes, Sevilla como la gran puerta abierta a América y Cádiz como centro del monopolio del comercio de la seda.

La primera pista sobre la existencia de esta colonia en Cádiz, en los siglos XVII y XVIII, y de una iglesia en la ciudad que conserva inscripciones y delicados azulejos armenios, me la proporcionó el fallecido Karekin I, catolicós de los armenios del exterior, cuando yo buscaba a miembros del ESALA y lo visité en Líbano en la década de los ochenta. Años después me habló de este tema Der Massis, un sacerdote armenio residente en Móstoles (Madrid) que visitó el templo gaditano en uno de sus viajes para atender espiritualmente a los miembros de la Iglesia Apostólica Armenia de España. Finalmente, encontré bibliografía sobre el tema en viejos legajos de la Biblioteca Nacional de Madrid y en el Archivo de Indias de Sevilla. En la primera me pareció muy interesante una crónica, amplia y bien documentada, de Adolfo de Castro, publicada en el Boletín de la Academia de la Historia del 28 de octubre de 1887. La crónica confirma con datos concretos esta presencia y yo reproduje literalmente algunos de sus párrafos en mi libro *Armenios, el genocidio olvidado*. En este artículo dedicado a los armenios de España recojo alguno de los más significativos:

> El primer armenio del que se tiene noticia en Andalucía era el monje Sarguis o Sarkis (Sergio), que, en 1590, peregrinó del país asiático a Europa, llegó a Sevilla y relató en una crónica el primer testimonio armenio sobre el descubrimiento de América. El monje contaba que había visto cinco navíos, con una tripulación de quinientos marinos, que llevaban a esta ciudad las riquezas del Nuevo Mundo: es el oro y la plata que crecen solos, es algo maravilloso, escribía admirado.

El segundo párrafo que entresaco de mi libro se refiere al primer armenio del que se tiene noticia que fue registrado en Cádiz, Ghevorg di Jachiki, que llegó allí en 1601, procedente de Goa, cuando esta región de la India era portuguesa.

> En el puerto gaditano atracaban los armenios con la seda, además de con lana, textiles, vestidos, alfombras, especias, medicinas, cintas de oro y plata y otros productos de Oriente. Esta presencia inquietó a la competencia hasta tal punto que en 1676 el cónsul francés en Cádiz informó a su gobierno que en ambas ciudades andaluzas los armenios vendían grandes cantidades de mercancías orientales que importaban y que, por esta razón y porque se les acusaba de ser cristianos tibios o cismáticos [...] fueron causa del descontento popular.

Presionado por este ambiente, el 26 de febrero de 1684, el rey Carlos II ordenó su expulsión de la península por medio de un edicto que decía:

> Manda el Rey, nuestro Señor que todos los armenios que se hallaren en nuestra Corte y en otras cualesquier ciudades, villas y lugares de estos reinos, salgan de ellos pasados los seis meses...

No sucedió así; los armenios de Cádiz eran todos cristianos, unos miembros de la Iglesia Apostólica Armenia, otros católicos de origen, algunos católicos conversos y el hecho de ser muchos devotos de la Cofradía de Jesús Nazareno les proporcionó la solidaridad y ayuda de esta, del arzobispo local y del gobernador, lo que les libró de tener que salir de España. Por el contrario, un decreto real de 1685 les concedió el derecho a permanecer en el país y, como prueba de gratitud, hicieron una importante donación anual a la cofradía, a lo que, entre otros, se comprometió documentalmente Jacome o Hagop Zúcar, miembro de una rica familia cuyo apellido se repite en los más de dos siglos en los que hay constancia de comerciantes armenios en Cádiz, y también en Sevilla, procedentes de Ragusa, una ciudad-estado de la costa adriática que competía comercialmente con Venecia y estaba en lo que hoy es Dubrovnik (Croacia).

Apenas un centenar, hace 30 años

El 29 de diciembre de 1980, cuando sufrí el atentado, que reconozco estimuló mi interés por lo armenio, los españoles en general y yo en particular sabíamos poco sobre este pueblo asentado en la Transcaucasia desde hace más de tres mil años, en un espacio en el que los arqueólogos sitúan una de las primeras poblaciones estables de la humanidad. Varias razones podrían explicar este desconocimiento: la lejanía física de Armenia y España, el bloqueo exterior a que estaban sometidas las entonces repúblicas de la URSS, el aislamiento internacional de la dictadura franquista y la inexistencia de una colonia armenia numerosa y organizada en el territorio español que pudiera influir en la opinión pública. En aquel año, el número de armenios en nuestro país no llegaba al centenar, estaban desperdigados por diversas provincias, en su mayor parte eran estudiantes, propietarios de restaurantes, comerciantes, médicos y artistas procedentes de Siria, Irán y Líbano y algunos de ellos esperaban un visado para entrar en Estados Unidos o soñaban con trasladarse y encontrar trabajo en Argentina, Uruguay, Méjico y otras naciones hispanas de centro y sur de América en las que la diáspora se había establecido después del Genocidio y disponían de centros en los que se esforzaban por transmitir a las nuevas generaciones su lengua, religión y tradiciones.

Entonces la información en España sobre los armenios, y en particular la mía, era vaga y escasa: que Charles Aznavour, William Saroyan y Anastas Mikoyan eran armenios, que había dos buenos restaurantes armenios en Madrid, Ararat y Sayat Nova, en los que servían unos deliciosos pastelitos de hoja de parra rellena con carne picada y que Armenia era la república más pequeña de la Unión Soviética y estaba situada en el confín más meridional de la URSS, en el área conocida por Asia Menor. Algo había leído sobre Marco Polo y otros mercaderes viajeros europeos de los siglos XIII y XIV que sortearon aquellos valles y elevadas montañas y descansaron en sus *caravanserai,* en los que Oriente y Occidente intercambiaron productos y cultura.

Desconocía, sin embargo, datos fundamentales en la historia de este pueblo, que sobrevivió a pesar de los golpes sufridos en forma de invasiones: la existencia de otra Armenia en Cilicia, la Armenia Menor, al sur de la actual Turquía, frente a Chipre y con la capital en Sis, que sería integrada por la fuerza en el Imperio otomano; que en el año 301 fue el primer país en adoptar el cristianismo como religión oficial del Estado o que el monje Mesrob Mashtots creó un alfabeto nacional el año 505.

Tengo que confesar con cierto rubor que sabía muy poco de la masacre de 1915, planificada y ejecutada por el gobierno de los Jóvenes Turcos, que exterminó a millón y medio de armenios y aventó por el mundo a cientos de miles. Antes del atentado, la primera persona que me habló del tema y me regaló un libro sobre el Genocidio fue Roxy Armen, una cantante francesa de origen armenio a la que, como periodista, entrevisté cuando actuaba y pasaba largas temporadas en Madrid y Barcelona. Triunfadora en las grandes salas de Europa y de América, Roxy Armen tuvo gran popularidad en España en la década de los setenta, después de disputar a Julio Iglesias la final del Festival de la Canción de Barcelona de 1970 para acudir al festival de Eurovisión de Amsterdam.

En *La Bomba,* mi primer libro con protagonismo armenio, cuento mi sorpresa por este genocidio largamente silenciado, el consecuente fenómeno terrorista y la búsqueda incansable de los responsables y los autores de mis lesiones, con los que año y medio después conseguí reunirme en sus bases de Líbano donde les razoné que la violencia, además de injusta, crea rechazo en la opinión pública, incluso en sectores considerables de la opinión pública armenia y que nunca tuvo éxito en la historia de la humanidad. Que el pacifismo es una «bomba» más potente y eficaz para convencer a los demás de nuestras ideas, como pusieron en evidencia Luther King o Ghandi. El libro describe, con datos históricos, el brutal genocidio que sufrió el pueblo armenio a manos de Turquía y la insistencia obsesiva de este país en no reconocerlo cuando ha sido causa fundamental de la existencia de grupos armados anti turcos,

Revitalización organizativa

Aquellos comerciantes armenios, y otros procedentes de diferentes repúblicas mediterráneas, Persia y Holanda que llegaron a Andalucía en los siglos XVII y XVIII, atraídos por el flujo hispanoamericano, son el antecedente de la oleada más numerosa de la historia, a la que ya aludimos, establecida en el país en los años de bonanza económica, entre finales del siglo XX y comienzos del XXI, cuando se llegaron a contabilizar entre los sesenta mil y ochenta mil armenios.

No ausculté personalmente esta oleada porque viví, durante quince años, en Lisboa, Bruselas y otras ciudades europeas en las que trabajé como corresponsal y enviado especial de televisiones y radios a diversos acontecimientos mundiales, desde la guerra de Irak al conflicto de los Balcanes o la ampliación de la Unión Europea. La intensidad del trabajo periodístico y mi salida de España habían contribuido a que el tema armenio, al que había dedicado numerosos artículos, declaraciones y conferencias, lo tuviera parcialmente aparcado durante algún tiempo.

Cuando regresé a España me sorprendió la revitalización organizativa y la mayor presencia de los armenios en el país. Sobre todo, cuando los directivos de una asociación de Barcelona me invitaron a pronunciar una conferencia y a presentar *La Bomba* en el prestigioso Ateneo de la ciudad. Asistieron centenares de oyentes, tenían buenas relaciones con los medios de comunicación y con los políticos regionales y municipales, se movilizaban para lograr el reconocimiento de la nación y del Genocidio armenio y disponían de centros donde celebraban sus actos y reuniones. Una situación bien diferente a la que conocí quince años antes.

Un miembro de la asociación barcelonesa, el arquitecto Armen Sirouyan, la activista de la causa armenia de Madrid, Glenda Adjemiantz, y el sacerdote Der Massis, me habían preparado un encuentro con la responsable de una importante editorial nacional para pedirme que escribiera un segundo libro sobre los armenios. Tuve dudas de disponer de algo nuevo que añadir a lo que ya había publicado en LA BOMBA y así se lo dije. Poco a poco me fueron informando de los cambios experimentados en las colectividades armenias durante mi ausencia, algunos de los cuales pude comprobar personalmente en reuniones con asociaciones de Cataluña, Madrid, Levante y otras regiones en las que se habían establecido en los últimos años.

Pude comprobar también, algunas diferencias entre los armenios que yo había conocido antes, mayoritariamente nacidos fuera de la República de Armenia y con una personalidad, en cierto modo, más internacional y mixta, y los que llegaban procedentes de este país, más uniformes, al menos aparentemente. Estas diferencias tenían que ver con la lengua, la política y hasta con la religión apostólica, con su máxima jerarquía o católicos asentados en San Echmiatzin y otros en el exterior. También se apreciaban en la vestimenta, más sobria, trajeada y oscura entre los armenios de Armenia.

Las diferencias me parecían inevitables en un pueblo condenado a la división entre «armenios del interior» y «armenios del exterior» por la doble coyuntura histórica, la dependencia soviética y el drama global de 1915. No afectaban, sin embargo, al posicionamiento de unos y otros sobre el Genocidio y la negativa a reconocerlo de los diferentes gobiernos de Turquía. Todos llevaban consigo el dolor familiar y nacional del holocausto; todos eran unánimes en la exigencia a Turquía de la asunción de lo sucedido y de sus responsabilidades históricas. Conscientes de su influencia en Latinoamérica y en la Unión Europea, todos confiaban en que, un día, España sea una de las naciones que impulsen el reconocimiento del Genocidio.

Finalmente, decidí escribir el segundo libro sobre el tema, *Armenios, el genocidio olvidado.* Lo publiqué en 2007, veinticinco años después de *La Bomba,* y es un viaje por Armenia y Karabagh con un armenio de España, mi buen amigo el arquitecto Armén

Sirouyan, y otros de Armenia, Argentina y Líbano descendientes de familias que sufrieron el genocidio. Pretende demostrar que, directa o indirectamente, todos los armenios sufrieron y sufren las consecuencias de aquella barbarie planificada, llevada a cabo por el gobierno autoproclamado prooccidental y proeuropeo de los Jóvenes Turcos.

Los armenios y la crisis

La situación hoy de la colectividad armenia en España, a pesar de la inoportunidad de la crisis económica, que redujo su número y limitó sus perspectivas laborales, en términos generales es mucho más positiva que en las etapas precedentes en su influencia y conocimiento por la sociedad. En este cambio de perspectiva influyeron principalmente tres factores: la consolidación de las asociaciones armenias y su mayor actividad y presencia en la vida pública y en los medios de comunicación, el hecho de que Armenia es una nación independiente desde 1991, con vocación internacional y presencia en todas las instituciones democráticas mundiales, desde la ONU al Consejo de Europa, y el establecimiento de relaciones diplomáticas con España, primero con la presencia en Madrid de una sede diplomática dirigida por Khorén Tertirian como encargado de negocios, que abrió caminos con las instituciones representativas del país, en primer lugar la Comisión de Relaciones Exteriores del Senado, presidida por Alejandro Muñoz Alonso, un veterano periodista que conoce bien la historia.

A esta comisión tuve el honor de asistir cuando se trató el tema armenio, junto con el citado Tertirian y dos diputados del Gobierno y del principal partido de la oposición en el Congreso de Ereván. El encuentro puso de manifiesto el interés de los senadores españoles por las cuestiones actuales y pasadas de Armenia. En mi intervención destaqué la importancia de estos debates para que los armenios conozcan mejor a España y España a los armenios y para que nuestro país, que mantiene buenas relaciones con Turquía, ejerza su labor mediadora entre el Gobierno de Ankara y la Unión Europea y el Gobierno turco abra su mentalidad y fronteras, herméticamente cerradas tras el conflicto del Alto Karabagh. Contribuiría a pacificar un área compleja y explosiva, a aproximar a Europa a la Ruta de la Seda de

Marco Polo y, quizás también, a que Turquía reconozca el Genocidio que acaba de cumplir cien años.

El año del centenario

Escribía estas líneas en enero de 2015, cuando acabábamos de entrar en el año en que la República de Armenia y millones de armenios esparcidos por el mundo se disponían a conmemorar el centenario de la tragedia por medio de actos culturales, artísticos y religiosos, debates, conferencias, artículos, exposiciones, inauguración de monumentos, edición y reedición de libros, documentales, testimonios audiovisuales y películas biográficas e históricas.

Reforzados con nuevos colegios y asociaciones culturales, los armenios de España participan activamente en esta movilización general. Por vez primera, con el respaldo de un embajador plenipotenciario y extraordinario de Ereván en Madrid, Avet Adonts, que tomó posesión de su cargo en agosto de 2014 y, en pocos meses, había multiplicado considerablemente la presencia de la República de Armenia en el país, en la doble dirección hacia la comunidad armenia y hacia las instituciones del reino de España con audiencias con el rey Felipe VI, el presidente del Gobierno, la alcaldesa de Madrid y otros personajes de la vida institucional, comercial y política. Por su parte, la página web de la embajada proporciona información de estos contactos y de otros temas bilaterales e internos, como la creación de una comisión para construir varios templos de la iglesia armenia en España, que, hasta ahora, ha tenido que realizar sus ritos en iglesias de otras confesiones. La embajada también informa de que, en los últimos meses, parece haberse detenido la salida de armenios del país y que incluso aumentó el número de residentes en Madrid y en otros lugares. Según esta información hoy residen en España aproximadamente cuarenta mil armenios; de ellos catorce mil viven en Valencia, doce mil en Barcelona, ocho mil en Madrid y dos mil en Alicante.

Estas y otras realidades parecen reflejar un buen momento de la colectividad armenia en este país, después de siglos de escasa o esporádica presencia, y su consciencia de que constituyen hoy un grupo importante capaz de hacer llegar su voz y reivindicaciones a los ciudadanos y al Gobierno y demás instituciones de la nación española.

Esta actividad se percibe en nuevos proyectos en gran parte centrados en el Centenario del Genocidio de 1915, como la gran oportunidad histórica de presionar a Turquía para qué, de una vez por todas, reconozca el Genocidio del pueblo armenio ideado y ejecutado por sus antepasados. Que tenga el valor que tuvo Alemania al reconocer el Holocausto judío. Un gesto que el mundo le agradeció.

Desolvidar lugares

Julio Fernández Peláez

«¿Quién habla hoy en día del exterminio de los armenios?», decía Hitler para arengar a sus seguidores en la ciega brutalidad, convencido de que para hacer brillar con fuerza su idea de nacionalismo había que aniquilar cualquier expresión de diferencia étnica, religiosa, política y cultural, pero también completamente seguro de la impunidad con la que estaba a punto de cometer una de las mayores masacres de todos los tiempos.

La exaltación de la estrategia de Gengis Kahn por levantar un imperio uniforme, es alabada por Hitler y tomada como ejemplo de dominio y reafirmación identitaria capaz de pervivir en el tiempo sin grandes sobresaltos en la conciencia popular. Después de Hitler, muchos otros nacionalismos han pretendido seguir las mismas reglas de juego: convertirse en vencedores, para demostrar que el olvido se construye a la vez que se fabrican las victorias. Aunque, por fortuna, no siempre con éxito, basta echar un vistazo a lo ocurrido en la antigua Yugoslavia para comprender que las heridas producidas siguen reabriendo la memoria para así poder curarse.

Alemania perdió la guerra y el nazismo fue condenado por la Historia, no solo a través del juicio de Núremberg, sino especialmente mediante la visión y exposición de las atrocidades cometidas. No en vano, la palabra *genocidio* adquiere una certera resonancia con la asimilación y el acuerdo unánime y universal de las dimensiones de los actos cometidos contra el pueblo judío. Pero ¿qué hubiera sucedido de ganar Alemania la guerra, o incluso de mantenerse «íntegra» aun perdiendo? Es posible que se hablara de genocidio, pero también es posible que este, por extraño que nos parezca, no fuera reconocido de manera general. También podría suceder que, en esta hipotética Alemania, después de regresar a la democracia, se negaran los campos de concentración o incluso que se «justificaran» de alguna forma, diciendo algo así como que también los judíos, los gitanos y los comunistas habían matado civiles arios.

¿Una exageración? ¿Pero a qué nos suena esto? ¿No son comparables tales argumentos a los empleados por Turquía, a través de sus portavoces políticos, para negar el Genocidio armenio? ¿Por qué, además, en el caso armenio no hay unanimidad internacional? ¿Por qué países donde se sufrieron las consecuencias de algún tipo de persecución genocida en su historia reciente, como es el ejemplo de España, tienen tantos problemas en reconocer la magnitud de este asunto?

Hoy por hoy, nadie en su sano juicio ejerce el negacionismo sobre el mayor de los genocidios perpetrados en Europa en el siglo xx —el perpetrado por los nazis—, tampoco desde un posicionamiento gubernamental, incluso en aquellos países donde hay abundantes dudas de que se respeten allí los derechos humanos. Sin embargo, no todos los genocidios cometidos en el siglo pasado han corrido igual suerte en lo que se refiere a su condena universal. El olvido sigue operando para muchos de ellos, y especialmente para con el Genocidio armenio.

Como sugeríamos al principio, tratar de borrar al contrario equivale también a un intento de modificar la verdad en beneficio de la historia, esa que se escribe desde quien ejerce el poder. Pero cuando este borrado ya no es posible, a causa sin duda de las evidencias demostradas, cabe la posibilidad de la invención. Oficialmente —desde las administraciones turcas—, se ha dicho que los armenios mataron a más de medio millón de turcos en su intento de rebelión, mientras que solo habrían muerto unos diez mil armenios en esta lucha. Lo cual, por absurdo que parezca, no hace sino reafirmar la versión de que basta con imprimir obediencia ciega en los ciudadanos para que prendan en ellos falsas creencias, incluido el propio nacionalismo excluyente como expresión única de identidad colectiva.

La negación y la alteración de la verdad tienen también intereses bien asentados más allá de las fronteras donde los hechos ocurren. En España por ejemplo, donde la transición logró suavizar al máximo el franquismo y sus crímenes, no sorprende la tibieza en la condena de asuntos trasnacionales, gracias a la asunción generalizada de unas prácticas de diplomacia política, más interesadas en defender intereses económicos de empresas multinacionales y relaciones comerciales de alto nivel que en condenar la ausencia de derechos humanos.

No molestar al aliado —Turquía es miembro de la OTAN— podría ser una de las razones por las que, en algunos casos, no hay auténtico interés político en sacar del olvido al Genocidio armenio. Pero también podría subyacer una cuestión de analogía con respecto a la historia que cada nación construye en su beneficio, pues sólo los países de muy pequeña extensión carecen de tensiones políticas internas de algún tipo. En el caso de España, la mera sospecha de un origen separatista en el supuesto conflicto que dio paso al genocidio opera en sentido negativo: no olvidemos que las diferencias culturales y territoriales siguen siendo, a día de hoy, un elemento desestabilizador del territorio español, en especial en lo que se refiere a la cuestión catalana o la cuestión vasca. Tanto es así, que aunque Cataluña y País Vasco han reconocido oficialmente el Genocidio armenio, el Estado español aún no admite en este caso la aplicación del término, por lo que podríamos decir que, de facto, España es uno de los países que aún no reconocen el Genocidio armenio.

Vivimos en un mundo sometido a grandes cambios de carácter tecnológico que modifica cada cierto tiempo las costumbres más arraigadas, pero a su vez anclado en creencias ancestrales, capaces de inmovilizar a los seres humanos dentro de reductos imaginarios y fronteras reales, y también bajo estigmas irracionales, no pocas veces dominados por conceptos tan simples como religión, idioma, nación... Es cierto que vivimos bajo el mismo cielo y que cualquier diferencia entre culturas debería solventarse con la palabra, pero solo en ocasiones contadas ha sucedido así y sigue sucediendo.

Somos una especie animal que ha adoptado diferentes modos de pensamiento dependiendo de variadas circunstancias vitales, territoriales y comunitarias. Nadie nace siendo de una religión, pero es fácil que se integre en aquella en la que es educado. Nadie nace hablando un idioma, pero seguramente hablará el idioma familiar. Ni uno solo de los valores culturales puede ser transmitido por vía genética. Al fin y al cabo, lo que somos depende en gran medida del lugar y el tiempo en el que nacemos, es decir, de un accidente espacio-temporal.

Accidentes que configuran, querámoslo admitir o no, unos rasgos comunes entre quienes se nombran parte de un mismo pueblo.

A pesar de que quizá lo deseable sería ser un solo pueblo y vivir dentro de un mismo mundo en igualdad de condiciones, es inevitable que las gentes acaben constituyendo pueblos y que estos pueblos se asienten en un lugar o lo busquen si no lo tienen, pues así ocurrió durante milenios. Una vez admitida esta realidad consustancial a nuestra naturaleza y circunstancial a la propia historia de la humanidad, el paso siguiente es aprender a no borrar, a no tratar de borrar todo aquello que no configura nuestro propio lugar cultural, o que configura otro lugar enfrentado y distinto al nuestro. Armenia, en este sentido, representa un paradigma de lugar, dentro y al lado de otros lugares culturalmente distantes (no olvidemos que la propagación del cristianismo estuvo vinculada desde un primer momento a la propia identidad armenia).

La convivencia consiste tan sólo en eso, probablemente: aceptar que los lugares físicos y los lugares de la conciencia colectiva no tienen por qué coincidir. Que los unos y los otros pueden existir de forma incluyente y que seguramente sea esta la única forma de construir un Estado de pueblos, un país de países y una cultura de culturas, sin orientes ni occidentes separados entre sí.

El reconocimiento del Genocidio armenio nos lleva al origen de un problema de máxima actualidad, en un mundo dominado por fuerzas que para reafirmar su identidad exterminan aquellas otras que, residiendo en el mismo territorio, ocupan, sin embargo, imaginarios diferentes. El proceso de borrado (violento o silencioso) de estos imaginarios, de estos lugares, tiene profundas resonancias en el llevado a cabo con el pueblo armenio a principios del xx. Y también, cómo no, en el intento de olvido posterior, ese olvido premeditado que no pretende otra cosa que escriturar a la fuerza los acontecimientos para que, finalmente, también dentro de la historia, haya un solo y único lugar uniforme.

La sangrante herida de Armenia en los cien años de su genocidio religioso. Abril 24: 1915-2015

Rodrigo Llano Isaza

El comediógrafo latino Plauto afirmó, con toda razón que «El hombre para el hombre es lobo», porque desde que el *Homo sapiens* apareció sobre la faz de la tierra comenzaron los genocidios, extinguiendo a los neardentales en Europa; el paso de Julio César por las Galias dejó más de tres millones de muertos; An-Lushan en la China, en el siglo VIII acabó con treinta y cinco millones de personas; las cruzadas católicas produjeron más de cinco millones de cadáveres en el Medio Oriente; Gengis Khan mató a cerca de treinta millones de en Asia Central; los españoles exterminaron a cerca de cien millones de indígenas con su conquista salvaje de América; la guerra de católicos contra calvinistas y hugonotes en Francia produjo casi tres millones de muertos; en la caída de la dinastía Ming en China desapareció a veinticinco millones de seres; en el siglo XIX, en las guerras del Opio murieron sesenta millones de chinos y en la rebelión Taiping unos veinte millones; la conquista belga del Congo fue con diez millones de africanos muertos; en la primera guerra mundial perecieron cerca de veintitrés millones; la eliminación de Trotsky y la imposición de Stalin fue con cuatro millones de rusos menos, agregados a los siete millones que perdieron la vida en la guerra contra Hitler, quien acabó con la vida de seis millones de judíos que le hicieron compañía a sesenta millones de seres humanos que murieron producto de la segunda guerra mundial; en la guerra de liberación argelina contra Francia murieron millón y medio de civiles; las revoluciones de la China de Mao produjeron entre diez y setenta millones de cadáveres; Pol Pot mató a dos millones en Cambodia; en Ruanda, la confrontación de Hutus y Tutsis dejó un millón de muertos; ni qué decir del espectáculo denigrante de los gladiadores romanos víctimas de las fieras para regocijo del pueblo y sus gobernantes; los norteamericanos dejaron sembrados los campos de Vietnam con más de un millón de cadáveres con la masacre de My Lai como telón de fondo; Idi Amín acabó con más de cuatro cientos mil de sus enemigos en un espectáculo dantesco de canibalismo; los kurdos y los palestinos han puesto muertos todos los días, los primeros por miles de años y los segundos desde hace más siete décadas; en el llamado Holodomor ucraniano dejaron de existir entre un millón y medio y diez millones de seres humanos. Total: un mundo salvaje donde el predominio se ha buscado para eliminar al otro por motivos étnicos, religiosos o políticos.

Turquía y su antecesor, el Imperio otomano, se han «distinguido» en la historia de la humanidad por asentarse en los territorios de otros a sangre y fuego, y arrollados por su salvajismo han perecido búlgaros, griegos, asirios, yazidíes, kurdos, árabes, drusos y armenios, que sumados han dejado regados los campos del Asia con más de tres millones de muertos; pero hoy se quejan y temen la violencia del Estado Islámico. Algunos de estos pueblos se confunden con la existencia de la cultura mundial por su antigüedad, lo que no fue obstáculo para que enterraran la daga asesina en ellos.

Los colombianos no somos ajenos a esta ola de salvajismo; en la violencia conservadora de los años cuarenta y cincuenta del siglo XX, murieron más de trescientos mil compatriotas, en su inmensa mayoría liberales.

Armenia, ese país del Cáucaso sur ubicado en la tenue línea que divide a Europa con Asia, primera nación del mundo en abrazar la fe cristiana en el 301 de nuestra era, conmemoró y lloró, con su doloroso recuerdo, el genocidio de su pueblo por motivos religiosos, que produjo más de millón y medio de muertos por el único crimen de no profesar la religión de los gobernantes. Hace cien años, cientos de miles armenios desfilaban a su cita con la muerte en Mezireh, empujados por soldados del Imperio otomano.

La culta Armenia, que en nuestro país tiene a una ciudad del mismo nombre y a la que los colombianos llamamos «La Ciudad Milagro», esa Armenia asiática que ha brillado en el arte, en la poesía, en las letras, en la arquitectura, vive hoy en una de las zonas más inestables, políticamente hablando, del mundo, donde las fronteras todavía no están definitivamente delimitadas, lo que hace crecer el peligro de la guerra y que sus habitantes puedan perecer en los campos de Marte.

Así como reclamamos el derecho a un territorio para los judíos, para los kurdos, para los palestinos, también reclamamos el derecho que tiene el pueblo armenio de un territorio, con fronteras estables, seguras y bien definidas, donde puedan dar libertad a sus costumbres, a su religión, a su lengua, como lo están haciendo hoy cuando figuran como la nación 27 en el ranking de libertades, pues esa es su historia. Queremos un mundo en paz, no queremos que se persiga a los tamiles en Sri Lanka, ni a los gitanos en Europa, ni a los rohingya en Birmania, ni a los blancos en África o a los negros en EE. UU., tampoco a los yazidíes en Irak, ni a los budistas en el Tibet. Todas las etnias, todas las razas, todas las religiones deben poder expresarse con absoluta libertad, sin ser perseguidos o exterminados por ello. Cuando ya el hombre es capaz de colocar un robot en un cometa que se desplaza por el espacio sideral a miles de kilómetros por hora, cada vez somos menos tolerantes con el otro, con el diferente a uno mismo, cada vez somos menos capaces de vivir en el espacio del planeta tierra que Dios nos dio por vivienda. Vivamos y dejemos vivir.

Honor al pueblo armenio, honor a sus mártires que son los mártires de la tolerancia, los mártires del respeto a la diferencia, los mártires de la religión y de la sangre.

Las claves del odio

Gregorio Vigil-Escalera

Las claves del odio son casi imposibles de aprehender y explorar, se manifiestan en cada momento de la historia para dar cuenta de que la irracionalidad y barbarie anida en la naturaleza humana como una condición congénita de la que es imposible escapar. El Genocidio armenio, del que se han cumplido cien años que son como si fuese ayer, es una muestra estremecedora de esos sueños quemados que van dejando tras de sí rastros de cenizas.

Bien está que no perdamos la memoria de estos espeluznantes hechos, pero ¿cuándo será la siguiente hecatombe de la que en su día volveremos a tomar conciencia dedicándole unas letras? Seguro que muy pronto porque parece existir una predestinación no por efectiva menos negada, no por aciaga menos arrepentida y censurada. Armenios, judíos y así hasta conformar una larga lista interminable, son las víctimas hasta ahora propiciatorias; mañana lo seguirán siendo otros, por unas u otra razones o más bien sinrazones, pues en alguien hay que descargar la rabia, la ambición, la envidia, la impotencia, la codicia, el desprecio, la frustración hasta llegar al odio. Y del odio, a la matanza y al exterminio.

Quizás tengamos que recordar lo que escribió ese gran filósofo que fue Cioran cuando consideraba que el hombre es un animal lleno de hiel y cualquier opinión que emite sobre sus semejantes lleva ya algo de degradación. Sin embargo, que la existencia sea un juego de compensaciones parte de falsas premisas, porque el eterno vaivén entre placer y dolor, conciencia e inconsciencia, crecimiento y disminución, progresión y regresión, no se justifica y menos cuando se perpetra un holocausto.

En definitiva, esperemos que en esta y en todas las ocasiones, la importancia de las palabras perdure tanto como la de los hechos y la esperanza no sea esa gran falsificadora de la verdad.

Para mí ha sido un deber dedicar estas palabras a lo que es el demonio y la locura engendrados en el hombre por el fanatismo y el odio, a nuestra incapacidad de rendir homenaje a la vida y a un destino que, desde el nacimiento, busca la paz a la que consagrarse. Nuestra sensibilidad y nuestras creencias están embotadas por las fuerzas desatadas en un mundo que prima la exclusión, la intolerancia y la mercantilización. Por tanto, hemos de ser muchos los que digamos basta.

Frank Werfel y los armenios del Musa Dagh

Núria Añó

El Genocidio armenio, reconocido oficialmente como el primer genocidio del siglo XX, ha tenido su interpretación a través de la literatura. Su huella más destacada la hallamos a mediados de los años treinta en un libro en lengua alemana del escritor judío Franz Werfel (Praga, 1890 - Beverly Hills, 1945), quien, debido a la expansión del régimen nazi por Austria en 1938, se vio obligado a emigrar con su mujer, Alma Mahler, a la población francesa de Sanary-sur-Mer. Dos años después, con la Gestapo pisándoles los talones, huían de nuevo a pie atravesando los Pirineos hacia España junto al escritor Heinrich Mann, su esposa, Nelly, y Golo Mann, hijo del escritor Thomas Mann, siendo de los últimos intelectuales salvados por el Comité de Rescates de Emergencia. La obra teatral y poética de Werfel se inserta en el expresionismo, aunque es más bien conocido por sus novelas, entre las que destacan *Los cuarenta días del Musa Dagh* (1933), *El cielo a buen precio* (1939) y *La canción de Bernadette* (1941).

Según una nota del autor, la concepción de la novela *Los cuarenta días del Musa Dagh* se producía en Damasco, durante su segundo viaje a Oriente Medio en marzo de 1929, cuando en un orfanato de Siria encontraba algunas personas que habían sobrevivido a las masacres armenias acontecidas entre 1915 y 1923 en la Turquía otomana. Este encuentro que el autor contemplaba con sus propios ojos lo define como:

> [...] el espectáculo deprimente de unos niños prófugos, mutilados y hambrientos, que trabajaban en una fábrica de tapices, fue el motivo decisivo que me decidió a desenterrar de la tumba del pasado el inconcebible destino del pueblo armenio.[1]

---

1 WERFEL, Franz (2003): *Los cuarenta días del Musa Dagh*. Editorial Losada, Buenos Aires, 840 pp.

La brutalidad con que se llevó a cabo la deportación forzosa de civiles armenios cristianos y la consiguiente masacre de más de un millón y medio de personas sería el desencadenante para denunciar ante el mundo unos hechos que todavía hoy despiertan controversia en cuanto a si las masacres fueron premeditadas o no. Un siglo después de aquellos escalofriantes acontecimientos, Turquía señala la masacre como consecuencia de la guerra civil que tuvo lugar durante la primera guerra mundial y, según ellos, no hubo premeditación en las masacres por parte del régimen de los Jóvenes Turcos, aunque están de acuerdo en que hubo muchas muertes. Tampoco pueden negar el rápido desalojo de civiles y la decisión de la deportación[2] de cientos de miles de hombres, mujeres y niños porque se produjo de modo muy violento. Ni siquiera el crudo destino final, con los campos de concentración en el desierto de Deir El-Zor, donde muchas personas murieron de hambre, debido a contagios o fueron asesinadas masivamente.

Los cuarenta días del Musa Dagh fue escrita entre julio de 1932 y marzo de 1933[3], el mismo año fue publicada por la editorial vienesa Paul Zsolnay Verlag. El autor dio a conocer el texto a través de diversas lecturas que hizo por Alemania, poniendo en conocimiento de los allí presentes el Genocidio armenio a manos del Imperio otomano. El texto describe la epopeya[4] nacional de todos los armenios en el exilio, que empieza el 30 de julio con la llegada de la orden de deportación a las seis aldeas armenias ubicadas en las cercanías del Monte de Moisés (Musa Dagh). Narra la lucha de aproximadamente cinco mil armenios que huyeron del ejército otomano y resistieron frente a los invasores turcos hasta que el 14 de septiembre fueron rescatados gracias a la presencia de la flota francesa. El personaje ficticio de Gabriel Bagradian se añade a la historia como un héroe algo wagneriano, aunque en verdad el autor se inspirara en el combatiente armenio Moses Der Kalousdian. Además de contar las atrocidades que sufrió el pueblo armenio, también aparecen temas como la patria, el choque

---

2 Lewy, Guenter (2009): *Las Masacres Armenias en la Turquía Otomana. Un genocidio controvertido*. Editorial Tam, Madrid, 406 pp.
3 *Die vierzig Tage des Musa Dagh*.
4 Blubacher, Thomas (2011): *Paradies in schwerer Zeit. Künstler und Denker im Exil in Pacific Palisades*. Elisabeth Sandmann, München, 176 pp.

de culturas y la búsqueda de la identidad cuando a uno le quitan el hogar y le matan indiscriminadamente a los suyos; temas que, a su vez, afectarían al propio autor debido a su condición de judío. Aunque en su momento la noticia sobre la resistencia de los armenios en Musa Dagh salió en la prensa, no tuvo demasiada repercusión. Sin embargo, la heroicidad que transmitió Franz Werfel al público occidental, con la visión de Gabriel, un hombre moderno con la moral de su tiempo, fue lo que ayudaría a comprender el retrato íntimo de un refugiado. Y ciertamente la denuncia sobre la aniquilación del hombre, en donde no se culpa tanto a los turcos sino a un grupo del nacionalismo turco. Vemos un ejemplo de ello en el capítulo quinto del libro primero titulado «Interludio de los dioses» que transcribe la tradición histórica de la conversación entre Enver Pachá, oficial otomano y líder de la revolución de los Jóvenes Turcos, y el pastor alemán, Johannes Lepsius. Dicho capítulo fue elegido por el autor para ser leído en una de sus conferencias por Alemania. La valentía por alcanzar un mundo mejor sin que por ello se deba recurrir a la aniquilación del hombre por el hombre convertiría *Los cuarenta días del Musa Dagh* en un *best seller*. Sobre todo cuando en 1934 se publicaba en los Estados Unidos y atraía la atención mundial.

Pese a ello, el mismo año confiscaron su libro en Alemania. El semanario de las SS *Das Schwarze Korps* lo denunció por propagandista y condenaba a todo aquel que promocionara la venta de la novela en los Estados Unidos. Asimismo, el Gobierno turco se dedicaría a sacar los libros de circulación y en 1935, con una intervención turca masiva, se presionaría a la productora Metro Goldwyn Mayer para que no filmara la película basada en el libro, tal y como había previsto el productor Irving Thalberg con el entonces joven actor Clark Gable. Cabe añadir que dicha censura y prohibición se consiguieron gracias a la presión ejercida por el Departamento de Estado norteamericano[5]. En 1939, la novela arrasaba entre los jóvenes del gueto de Varsovia, pues se veían reflejados, como una profecía escalofriante de lo que

---

5 Sin embargo, medio siglo después se llevaría al cine y sería producida por el millonario desconocido John Kurkjian. Sobre este tema está previsto un documental para finales de 2016 titulado *Epic Denied: Depriving the Forty days of Musa Dagh*, dirigido por Edwin Avaness y Serj Minassians, el cual hace referencia a la cantidad de veces que dicha película ha sido desestimada, llegando a convertirse en la producción épica más veces archivada y retomada de la historia de Hollywood.

estaba por llegar. No obstante, ha quedado demostrado que ni la obra de Werfel ni los distintos testigos del Genocidio armenio pudieron evitar la barbarie del Holocausto judío.

En la actualidad, organizaciones internacionales e interestatales se han pronunciado a favor del reconocimiento internacional del Genocidio armenio. Encontramos órganos legislativos de cuarenta y cuatro estados federales como Alaska, California, Carolina del Sur, Delaware, Georgia, Illinois, Massachusetts, Michigan, Montana, Nueva Hampshire, Nueva Jersey, Nueva York, Oklahoma, Pensilvania, Rhode Island, Virginia o Wisconsin, entre otros, aunque no a los Estados Unidos como Estado. Algunos países que lo han reconocido oficialmente son Argentina, Armenia, Bélgica, Bulgaria, Canadá, Chipre, Eslovaquia, Francia, Grecia, Italia, Kurdistán, Líbano, Lituania, Países Bajos, Polonia, Rusia, Siria, Suecia, Suiza, Uruguay, El Vaticano, Venezuela o recientemente Alemania. Además de Nueva Gales del Sur, en Australia, Ontario y Quebec, en Canadá. Aunque también hay países como Reino Unido, Israel o España que no lo han reconocido, es más, ni siquiera emplean el término genocidio para referirse a esta masacre. Como podemos observar, un siglo después de estos hechos siguen habiendo intereses políticos y económicos que dificultan la transparencia y entorpecen el camino de la verdad y del rigor histórico.

Los sucesos más atroces de la historia de la humanidad no pasan desapercibidos al ojo humano, ya provengan de un lado u otro, pues éstos los encontramos en los propios supervivientes armenios[6], o bien a través de informes de misioneros, testigos alemanes, escritores, en el *Libro azul británico,* y hasta en los archivos americanos, alemanes o turcos. Porque cuando sale a la luz un genocidio a través de testigos presenciales, cuando se escribe ampliamente sobre ello para informar a los distintos estados en diferentes lenguas, entonces es cuando nos afecta a todos, independientemente del país que uno sea. Afecta al mundo en su totalidad. Para que tales hechos contra la dignidad humana no se repitan jamás.

---

6 *The armenian genocide / Le génocide arménien. With an interview of Yves Ternon* (2005): Dirigida por Laurence JOURDAN, Arte France [DVD].

El primer holocausto del siglo XX: deconstruyendo el pasado de Armenia

Marcos Antonio Pareja

En pleno siglo XX, frente a la mirada cómplice de toda la comunidad internacional de ese entonces y el silencio concupiscente de la de ahora, se efectuó la sistemática aniquilación, limpieza étnica y religiosa de todo un pueblo. Esta tiene el agravante de que fue realizada por parte de un Estado sobre una minoría de su población. A ella se le conoce en los anales de la historia como el Genocidio armenio; sin embargo, para los familiares, las viudas y sobrevivientes de esta imborrable masacre, se llamara siempre Medz Yeghern: para ellos, «el Gran crimen», para el mundo, «la Gran Catástrofe».

Entre los años 1915 y 1923, en plena primera guerra mundial, el poderoso Imperio otomano se encontraba en los avatares de esta contienda Guerra en la cual querría demostrar todo su poderío militar y sus habilidades bélicas, cónsonas con la epopeya nacionalista que el Imperio quería inculcar en la consciencia de sus súbditos. Eran tiempos difíciles; tiempos de sospecha, conspiraciones (reales o imaginarias), en la cual, el peor delito era la deslealtad y la traición.

En ese contexto histórico y con muchas promesas demagógicas o mesiánicas, sube al poder un partido de corte ultranacionalista: los Jóvenes Turcos; estos vendrían con un amplio plan de reformas que pretendía refundar la nación y la otrora gloria otomana. Pero como siempre, en todo juego perdido se tiene que buscar un responsable; en este juego, el pueblo armenio se convirtió en el chivo expiatorio de todo los males turcos: aquellos desleales merecían su justo castigo por conspirar contra el Imperio.

No obstante tratemos de desmontar todo los aparatos racionales que justifican lo injustificable, deconstruyamos para ver toda las huellas sospechosas que han dejado atrás los victimarios; tratemos de ver más allá de las razones aparentes, de la historia oficial, del descrédito, de la negación oficial o peor, de la intencional ignorancia internacional.

¿Quiénes son los armenios?

Eran una población minoritaria residente en el Imperio turco otomano. Eran un pueblo de religión cristiana. Es más, este fue uno de los primeros pueblos en convertirse al cristianismo y declararlo como su religión oficial alrededor del 301.

La población, según las leyes islámicas del Imperio otomano, era *dhimmi,* «protegidos», término utilizado para judíos o cristianos residentes en el Imperio. En teoría debían ser respetados, teniendo derecho a practicar libremente su religión y cultura. En la práctica, eran ciudadanos de tercera categoría, violando los otomanos con ello las leyes teocráticas sagradas de su propia cultura.

¿Dónde se encuentran?

Este pueblo es originario de Oriente Próximo, en el Cáucaso y la Meseta Armenia, es decir, que sus fronteras se sitúan entre el Cáucaso, la meseta de Irán y la península de Anatolia (Turquía).

¿Genocidio u holocausto?

Genocidio: aniquilación o exterminio sistemático y deliberado de un grupo de poder sobre otro por motivos religiosos o raciales.

Holocausto: aniquilación sistemática por motivos religiosos de una población. Sacrificio litúrgico o entrega que hace una persona o animal por el bien de otras.

Creemos que la segunda opción es lo más adecuado para referirse a este gran crimen, a esta masacre; el Holocausto armenio comparte muchas analogías con la Shoá judía por ejemplo. La diáspora de su población, el tono religioso del genocidio, la cantidad o cifras del magnicidio, muertes humanas seis millones frente a un millón y medio.

¿Quiénes son los protagonistas de este conflicto?

Los turcos otomanos y el pueblo armenio.

¿Quiénes son los agresores y quienes las víctimas?

Agresores: aquellos que ostentaban el poder y que desde el poder estatal realizaron estos bochornosos y deleznables actos. Los Jóvenes Turcos.

Víctimas: aquella población minoritaria sin voz ni voto. Los armenios.

¿Cuál fue el resultado de esta masacre, de este genocidio o mejor dicho, de este holocausto humano?

Un millón y medio de seres humanos muertos, entre ellos, niños, mujeres y ancianos.

¿Cuál es la lección moral que aprendemos de la tortuosa historia del pueblo armenio?

El mal de los malvados triunfa cuando los buenos hacen silencio ante el mal; cuando callamos, ya sea por miedo, complicidad o ignorancia.

Que estos actos no se vuelvan a repetir, y para ello, lo primero es reconocer que sucedieron. Solo se puede otorgar el perdón a aquello que ha sido reconocido por el otro. Reconozcamos esta terrible masacre, el primer holocausto del siglo XX, en su justa medida. Solo así podemos construir y sanar la memoria histórica de este sufrido pueblo y, sobre todo, del mundo.

Armenia. Historia del primer holocausto del siglo XX

Amado Carbonell Santos

> La guerra es el medio que utilizan los asesinos para justificar sus actos.

Hace más de cien años, que el recuerdo de la Gran Guerra sigue vivo en la memoria de mucha gente y, todavía hoy, se recuerda cómo un solo hombre desató el conflicto bélico más sangriento y angustioso del siglo XX.

Cuando estudiamos en las escuelas —incluso en algunos libros de historia— el desarrollo de la primera guerra mundial, se destacan sobre todo los inicios de los aviones y los carros blindados como potenciales armas de guerra, al igual que el uso de diversos agentes químicos que fueron usados de manera vil y sistemática para dar muerte a cientos de miles de soldados de ambos bandos.

Eran tiempos de hambre, dolor y penurias..., una época que los supervivientes recordarían para el resto de sus vidas y que, sobre todas las cosas, no querrían volver a revivir. Lamentablemente, uno de los episodios más oscuros fue olvidado por muchos, sobre todo por aquellos que tuvieron gran implicación en los terribles hechos acaecidos sobre territorio del Imperio otomano entre el 24 de abril de 1915 y 1923.

La historia recordaría este terrorífico incidente como el Genocidio armenio.

Una centena de años nos separan ya de aquel suceso, al cual, muchos lo equipararon posteriormente con el Holocausto perpetrado por la cúpula nazi sobre el pueblo judío en los campos de concentración, repartidos por el territorio europeo ocupado por Alemania, durante la segunda guerra mundial.

El Imperio otomano ordenó la detención de casi doscientos cincuenta civiles de la comunidad armenia que residía en la ciudad de

Estambul. Al cabo de varias jornadas, el número de prisioneros ascendió hasta los seiscientos cincuenta, que debían ser deportados a algún campo de prisioneros (de los 26 existentes) cercano a las fronteras de Siria e Irak. Muchos de ellos no llegarían jamás a su destino; habrían sido asesinados durante su angustioso viaje.

Consecutivamente, el Gobierno central otomano llegó a la conclusión de que, lo más indicado, habría sido realizar una deportación masiva de toda la comunidad armenia, y así se hizo. Usando la fuerza y la violencia, el 11 de junio de 1915, los soldados del reciente Gobierno turco obligaron a todo armenio que residiera como civil o como prisionero en Estambul y Anatolia, que se uniera a las filas de prisioneros, sin tener oportunidad alguna de coger cualquier medio de supervivencia o víveres, pues no sabían qué futuro les depararía aquella marcha hacia un destino incierto hacia Mesopotamia y a la ciudad siria de Dayr az Zawr, entre otras.

Más de dos millones de personas fueron arrestadas y obligadas a atravesar el desierto a marchas forzadas, en un viaje de varios cientos de kilómetros. Muchas de ellas perecieron por el camino a causa del cansancio, hambre, sed y enfermedades, pues su situación era muy precaria. No bastando con eso, estaban expuestos a toda clase de ataques, robos, vejaciones y violaciones, tanto por parte de los soldados otomanos, como de los asesinos y vándalos que les salían al paso a través de las montañas y las eternas dunas de arena.

Finalmente, más de un millón y medio de ciudadanos armenios, conjuntamente con otros grupos étnicos como asirios, serbios y griegos pónticos, fueron asesinados por el ejército otomano durante la marcha armenia hacia los campos de prisioneros.

Fuentes como el comandante alemán Carl Endres confirmarían dicha cifra, al igual que los datos proporcionados por el Gobierno alemán (país aliado del Imperio otomano); pero el Gobierno turco niega que fuesen tantas bajas y reduce drásticamente la cifra de fallecidos hasta los 400 000. Claro está que el actual Gobierno turco condena tales actos, pero rechaza su implicación, al igual que comentaba uno de los exprofesores de la Sociedad Turca de Historia, el Dr. Yusuf Halaçoglu durante una de sus charlas, pues negaba que fuese un plan gubernamental para erradicar de manera sistemática a la comunidad armenia del territorio otomano. Incluso acusa enérgicamente a los rebeldes armenios de iniciar este ataque contra sus antecesores y trata de hacer recordar a la sociedad turca que 518 000 compatriotas murieron antes y durante la primera guerra mundial a manos de esos rebeldes.

Y aunque el Gobierno de Turquía niega continuamente el Genocidio armenio, las comunidades en la diáspora armenia (grupos de comunidades armenias fundados fuera de Armenia), han conseguido que más de una veintena de países de todo el planeta, y casi la totalidad de estados de los EE. UU., aprueben el reconocimiento del Genocidio armenio, como un acontecimiento histórico que deberá ser recordado, y por supuesto, tenido muy en cuenta para que tales actos JAMÁS vuelvan a suceder.

La preservación de la memoria histórica, es lo que separa la ignorancia de la cultura y el conocimiento de una nación.

Las trampas del silencio

Virginia Mendoza

Han pasado cien años desde que Arevaluys salió del Imperio otomano, en brazos y escondiendo el dinero de sus abuelos en los zapatos. No me atrevería a decir que se salvó del Genocidio armenio. El día que la conocí, en su casa de Ereván, algo se rompió dentro de mí. Sentada en su sofá, con la mirada perdida, la anciana deslizaba entre sus manos las cuentas de un rosario. A menudo tengo la impresión de que a las abuelas les alivia rezar el rosario porque así consiguen que pase el tiempo sin pensar en nada más.

La escritora libanesa de origen armenio Joumana Haddad, dijo: «Mi abuela sobrevivió al Genocidio armenio. Bueno, casi». Sobrevivir a un genocidio y permanecer cuerdo no entra en los planes del destino. Por eso, la abuela de Haddad no pudo soportarlo y, años más tarde, se quitó la vida con veneno. Por eso, el monje Komitas Vardapet perdió la cordura y compuso las canciones más desgarradoras de la historia de su país.

Ser armenio lleva un siglo pesando sobre los que se salvaron, sobre sus hijos, sus nietos y sus bisnietos. Porque aquel dolor heredado ha ido conformando la idiosincrasia de un pueblo de tal manera que casi cualquier armenio sufre un dolor cada vez menos propio y más ajeno.

Sabía que Arevaluys no podía hablar del genocidio sin entrar en cólera. Yo quería que escuchar a los supervivientes fuese un alivio para ellos, no un tormento. Por eso no quise preguntar y fingí estar de visita, hasta que alguien me contase su historia a escondidas, para que doliese menos. Entonces, uno de los familiares de Arevaluys decidió empezar a hablar del genocidio ante ella y el pánico se apoderó de aquella diminuta mujer.

Nos alejamos de Arevaluys y, en un cuarto aparte, su nieta y su bisnieta me contaron todo aquello que la abuela guardó en secreto durante décadas. Un día decidió contar su historia. Pero no pudo seguir compartiendo aquello que no quería recordar y empezó a rechazar entrevistas. Cada vez que hablaba del genocidio volvía a revivir lo que retuvieron sus retinas y empezó a evitar oír o hablar del tema. Ella sólo tenía un año. Ni siquiera los bebés se salvan.

Arevaluys venía a la habitación de manera insistente con la única finalidad de contemplar el reloj y gritar: «¿De qué estáis hablando? ¡Deja de escribir!». Sigo sin saber si rezaba el rosario para agotar el tiempo, pero si algo me quedó claro, era que necesitaba acabar con él.

Movses e Iskuhi, dos de los últimos supervivientes, también eludieron el tema. Cuando llegamos a su casa, esa fue su primera advertencia. «No vamos a hablar del genocidio», sentenció él. Y, acto seguido, nos invitó a sentarnos y a tomar café. Estaban hartos de que sólo les arrancasen sus recuerdos a base de preguntas que alimentasen el morbo. Como saltaba a la vista que tenían otras muchas cosas que contar, pasamos gran parte del día con ellos. No volví a mencionarlo desde que dijeron que se negaban a hablar de aquel genocidio silenciado que se habían propuesto olvidar. Pero nos despidieron diciendo: «Venid otro día. Os hablaremos del genocidio». A veces la necesidad acaba imponiéndose al miedo y entonces ocurre justo lo contrario al silencio.

Una amiga armenia me contó que, a su bisabuela, unos soldados turcos la obligaron a mirar mientras amarraban a su marido a dos caballos a los que incitaron a galopar en direcciones opuestas. Ella estaba embarazada y los soldados gritaban: «El hijo que vas a tener ha de ver esto porque las próximas generaciones de armenios deben saber qué hicimos con ellos». La exposición a semejante escena le provocó el aborto inmediato.

Mi amiga decía que su abuela nunca hablaba de aquello, que alguna vez lo trató con distancia y que el resto de su familia nunca se atrevió a preguntar. Le dije que si le preguntase, quizá descubriría que los ancianos a veces no cuentan algo que no soportan en soledad, solamente porque nadie les pregunta.

Al día siguiente, volvió eufórica: «He hablado con la abuela. Me ha contado todo lo que sabe, con total normalidad. Le he dicho que escribes sobre el genocidio y ella misma se ha ofrecido a contarte lo que sabe. No me lo puedo creer». Pero el día que visité a su abuela, la anciana tergiversó la historia: al marido de su abuela le asesinaron ante ella, sí, pero de tal manera que la nueva versión la alejaba de la obligación de entrar en detalles. O puede que, de pronto, sintiese miedo.

Lo cierto es que las generaciones posteriores, no sólo saben lo que hicieron, sino que el negacionismo que ha obcecado a los sucesivos gobiernos turcos ha obligado a los armenios a llevar el genocidio como un estigma grabado a fuego en la memoria. La mayor parte del resto del mundo, un siglo después, sigue girando la cara, y sólo un puñado de países han reconocido el Genocidio armenio. No reconocerlo por miedo a enemistarse con un país que no sabe enmendar sus errores es el fallo de países como España.

Hitler dijo: «¿Quién se acuerda hoy de los armenios?». Dejemos de darle la razón. Para evitar que las historias se repitan es preciso recordar, hablar y llamar a las cosas por su nombre. Aunque duela. Porque sólo enfrentándonos al silencio, las palabras con las que nos referimos a los genocidios podrían caer en desuso. No por miedo, sino por falta de motivos.

El infierno sartreano armenio

Rony Bolívar

> L'enfer, c'est les autres
> Jean Paul Sartre

La bandera de la República de Armenia es analogía cromática invertida de la bandera de Venezuela, pero, a diferencia de ésta, no posee estrellas ni tantas alegrías en su memoria histórica, sino un regazo de recuerdos adoloridos y quejidos de tristeza tras la muerte, aún aproximada, de un millón ochocientas mil víctimas inocentes, entre ellos hombres, mujeres embarazadas y niños. Venezuela, junto a Brasil, Uruguay, Argentina, Bolivia y Chile, han sido algunos de los pocos países de Latinoamérica en reconocer el denominado *Hayoċ Ċełaspanutun* en lengua armenia: Genocidio armenio. Sucedió entre 1915 y 1923 aproximadamente, a manos de una agrupación asesina llamada Jóvenes Turcos o «Demonios Otomanos»; éstos eran tan reales como la masacre misma y no provenían de algún infierno dantesco. Más allá del surrealismo que induce pensar sobre los abusos y excesos de todo imperio a lo largo de la historia, es un hecho insólito la inobservancia, y en muchos casos la inacción de gobiernos que, a comienzos del siglo XX optaron por la pasividad diplomática e indiferencia hacia tan cruento holocausto alegando: «confrontaciones de mando o diferencias territoriales».

Algunos historiadores inclusive (con intereses oscuros), disminuyen la cifra de asesinados, deportados y vejados, tal vez influyendo en sus respectivos países la negación de tan funesto crimen. Las tortuosas pruebas de lo acontecido lo narró un venezolano que, como muchos otros militares, asistieron a testificar y dar fe de lo ocurrido: Rafael de Nogales Méndez, autor de *Cuatro años bajo la Media Luna* dio allí testimonio de sus vivencias durante la guerra.

La humanidad añade, cada 24 de abril, un año más a la justa conmemoración de aquella macabra pesadilla que soslayó los valores humanistas del pueblo armenio hambriento de libertad y vida. La República de Armenia ocupa el *ranking* mundial número 135 en cuanto a población, con un total de 3 215 800 habitantes aproximadamente, muchísimo menos que la población de Venezuela que ocupa el puesto número 42 con 33 221 865 habitantes, mientras que Turquía se encuentra en el número 17, con un total de 75 834 646 habitantes.

Si sumamos los dos millones de armenios que fueron aniquilados durante el desarrollo del conflicto a la población total de Armenia, esto nos da 5 215 800 habitantes, una cifra realmente baja en comparación con Turquía. Latinoamérica es caracterizada por asociar hechos cotidianos extraños o irreverentes al realismo mágico —corriente literaria asociada a Gabriel García Márquez, Juan Rulfo y Jorge Luis Borges, entre otros—, con el fin de dar verosimilitud interna a lo fantástico. Sin embargo el Genocidio armenio escapa a toda concepción fantástica cuando se tiene la certeza histórica con pruebas en mano de la desdichada masacre; mágico hubiese sido si la mano de Dios interviniese salvando a tantos inocentes luego de escuchar la plegaria llorosa de las madres violadas y asesinadas. Se atribuye responsabilidad previa al sultán Abdul Hamid II (21 de septiembre de 1842-10 de Febrero de 1918), como regente del Imperio otomano de 1876 a 1909, apodado por algunos como «carnicero de armenios», quien promovía el odio a estas minorías. Ni siquiera uniendo todos los innumerables asesinatos y desapariciones (aún sin resolver) durante las crueles dictaduras de Latinoamérica llegaríamos a dos millones; Aun así, el famoso *Guernica* de Picasso (1937) no daría abasto para tantas cabezas degolladas y tanto carmín en la superficie del lienzo.

Podemos contar con los dedos (quienes estamos a favor de la causa armenia), los pocos países que han suscrito acuerdos para reconocer la tragedia y aunque la República de Turquía procure borrar las huellas de estos crímenes de guerra citando errores históricos como «…que las muertes acaecidas en 1915 fueran el resultado de un plan organizado por el Estado para eliminar a la población armenia bajo su soberanía». La comunidad internacional, en su plena mayoría justa, está de acuerdo en esclarecer y atribuir responsabilidades de indemnización a los descendientes de las víctimas. En lo personal, es inconcebible la indignación que siento al imaginar tantas muertes acaecidas por el simple hecho de pertenecer a una minoría de credo, raza o color; de igual manera, como artista plástico reivindico la lucha actual de quienes pertenecemos a la comunidad artística y cultural en apoyar a los armenios en la justa afrenta por llevar la dignidad a su historia a través de todos los medios diplomáticos posibles y, aunque todo se esclareciera… seguiré sin encontrar colores para plasmar tanta humillación sufrida por el pueblo armenio a comienzos del siglo xx.

«El Infierno son los otros», Jean Paul Sartre.

El siglo XX y el Genocidio armenio

José Caraballo

El siglo XX, ciclo definido por su espíritu creacionista. Avances en los campos de tecnología y ciencia hicieron posible la creación del mundo cibernético; conceptos que parecían alcanzables solo en sueños fueron implantados como necesidades del diario vivir. Periodo en que hasta enfermedades que afligieron a nuestros antepasados fueron erradicas. El siglo XX aparentemente podría ser catalogado como la época de oro del progreso urbano y tecnológico.

Pero a pesar de tantos logros, manchas de degradación moral opacan los frutos del saber. El siglo XX fue el más sangriento de la historia de la humanidad. Plagado de crisis financieras, regímenes totalitarios, dos guerras mundiales y más de veinte guerras en las que millones de seres humanos han perecido: en conjunto, con la proliferación de armas nucleares capaces de erradicar ciudades enteras, nuestros logros tecnológicos parecen permanecer en los tiempos de la inquisición papal.

El despotismo político en unión a cambios financieros, alta tasa de desempleo, intolerancia religiosa y fanatismo, han dado origen al llamado *genocidio*. Los genocidios son definidos como la aniquilación o exterminio sistemático y deliberado de un grupo social por motivos raciales, políticos o religiosos; son caracterizados por su crueldad y falta de sensibilidad ante las necesidades de la minoría.

Entre el sin número de genocidios o crímenes contra la humanidad ocurridos en nuestra historia, queda notar el Genocidio armenio de los años 1912 al 1915. Aunque no fue el primer genocidio ocurrido en Armenia, porque ya para el 1890 el país había sufrido las llamadas masacres hamidianas y más tarde la masacre de Adana en el 1909: ninguna pudo compararse con la intensidad o proliferación que trajo el genocidio de los años 1912 al 1915. Este fue caracterizado por la brutal falta de humanidad y sadismo difundido, eventos que han pasado a hacer una de las páginas más tenebrosas de la historia del siglo XX.

Como ya establecí anteriormente, entre los años 1912 al 1915 fue la etapa más atroz de la histórica Armenia, época donde más de en un millón de armenios fueron asesinados, encarcelados, esclavizados en las garras del Imperio otomano. Lo que hoy se conoce como Turquía, cien años atrás fue la rueda que aplasto a un pueblo cuyo único delito fue el querer autonomía e igualdad social y política. Aunque en pleno siglo XXI hayan fuerzas político económicas dispuestas a encubrir estos crímenes contra la humanidad, hay voces como muchos estados de Los Estados Unidos, o países como Canadá, Francia y Rusia dispuestas a llamar las cosas por su nombre: *genocidio*.

Las razones usadas para justificar esta vileza fue la represalia al sentimiento nacionalista; idealismo que, aunque aún no había surgido como deseo de sublevación en el pueblo Armenio, fue usado como punto clave para la exterminación en masa.

Aunque para mediados del siglo XX empezaron a surgir movimientos de independencia y deseos nacionalistas, hay que recalcar que, para el año 1912, el Imperio otomano había perdido control de más 85 % de su imperio en la guerra de los Balcanes. Débil y vulnerable, entró en noviembre de 1914 a la primera guerra mundial, anexándose a los Potencias Centrales, un conglomerado de países en guerra contra los aliados.

Rusia, parte de los aliados, derroto al Imperio otomano. En represalia por la ayudada prestada a Rusia por la milicia de Armenia, que eran solo unas pocas unidades de voluntarios que defendían su país de los ataques de criminales e invasores, los turcos decidieron limpiar a Armenia de todo vestigio de lo que clasificaron como cómplices de su derrota.

Otra excusa para el genocidio fue la erradicación de la fe cristiana, la cual no se ajustaba a las normas de la fe escritas en la constitución del Estado islámico. Increíble es notar la cantidad de crímenes cometidos por los hombres usando el nombre de Dios como justificación de actos que solo pueden ser catalogados como satánicos.

Al final de tantos asesinatos, atrocidades y miles de crímenes, el resultado lógico solo se llama *genocidio,* en el que cientos de miles de seres humanos mueren bajo la bandera de la tiranía y el despotismo.

Como ya dije anteriormente, los turcos aún niegan haber estado envueltos en tan horrible hechos. Pero la historia es clara y concisa: estos hechos fueron y serán verídicos hasta el final del tiempo. Espero que esta corta disertación despierte un deseo que, aunque sea de sentido utópico, pudiera alcanzarse si solo colocáramos en nuestros corazones el deseo de aprender a convivir en armonía sin hacer acepción de raza color o credo.

Condena al odio y al racismo

Edgardo Daniel Barreda Valenzuela

Llámese genocidio, holocausto o exterminio de un grupo o etnia es inaceptable a la luz de la razón y de los derechos humanos. No obstante, pasan los años, pasan los siglos y el odio y la brutalidad vuelven a apoderarse de los seres humanos. Tal es el caso de los armenios, confinados en campos de concentración, torturados, violados, asesinados en diversas formas o condenados a una muerte segura al ser deportados y prácticamente obligados a marchar por el desierto (1915-1923). Muchos de ellos, cuyo crimen era ser armenios y cristianos, recibían de parte del Imperio otomano un trato de seres inferiores.

Al recordar estas muertes injustas e innecesarias, con motivo de conmemorar el centenario de estos hechos inhumanos y deplorables, no puedo más que aunar mi voz dolida a la de todas las voces en distintos países del mundo para que estos hechos no vuelvan a repetirse en ninguna parte, vengan de donde vengan, sean de la ideología que sean, son absolutamente repudiables.

El genocidio armenio, una verdad que aún sangra

Sandra Beatriz Ludeña-Jiménez

Luego de cien años (algo menos, algo más), desde 1914 y sus noches oscuras interminables en medio de la primera guerra mundial y aunque la historia se haya acomodado plácidamente a la sombra del olvido, el Genocidio armenio es una frase grave, una verdad que aun sangra, una herida abierta en la historia de la humanidad.

Las referencias históricas, indagadas por la pupila del mundo, detrás de cada día de estos cien años, manifiestan que los armenios habitaban territorio turco pero también en tierras rusas; por esta razón, en 1914, cuando ardía la guerra entre Alemania y Rusia, los turcos impetuosos dispusieron que todo varón armenio que habitara en Turquía, se enlistara en las tropas del Imperio otomano para luchar junto a Alemania contra la amenaza zarista. Sin embargo, en el ejército enemigo del zar estaban los armenios rusos, por lo que aquellos residentes en Turquía que integraban el ejército otomano, se negaron a tomar acciones contra los mismos armenios que estaban en el ejército enemigo.

Esta posición de los armenios (y otras también), como las acciones subversivas realizadas por los contrarios en territorio otomano, desató la venganza turca. La represalia contra los armenios empezó con la orden de desarmar a los soldados de nacionalidad armenia, llevarlos a realizar trabajos forzosos, hasta llegar a ordenar la limpieza absoluta de los armenios, para lo cual se organizó y se realizó la deportación masiva de armenios hacia Mesopotamia. De esta manera, el genocidio se planificó y administró por el Estado de Turquía con el objetivo de ponerle fin a la existencia del colectivo armenio; en este propósito, desde 1915 hasta 1918, este pueblo sufrió deportaciones, expropiaciones, secuestros, torturas, masacres, inacción; y aunque la guerra parecía menguar, la crueldad alzó sus alas nuevamente para cubrir con su sombra los años de 1920 hasta 1923, tiempo en el cual se siguieron dando masacres, raptos, violaciones, persecuciones contra los armenios. Solamente por dar breves referencias, se puede mencionar que la deportación consistía en obligar a los armenios a salir en caravanas por el desierto, donde las matanzas eran indiscriminadas; abusos de mujeres y niños; abandono deliberado de personas para que agonizaran entre el hambre y la sed…, son solo algunas generalidades de la crueldad que rompía el viento del desierto, como instrumento alado y poderoso para el exterminio que barría a lo ancho y largo…, este era el propósito turco. ¿Cuánta tristeza valiente en el suspiro de esos días? ¿Cuánta verdad sangrienta corre fresca en esta historia? ¿Cuántos cadáveres sin tumbas flotan en esta jornada adversa? Se calcula que fueron entre un millón y un millón ochocientas mil personas.

Esta verdad al rojo vivo palidece en el silencio. Aún sangra el Genocidio armenio, a pesar de que fue encubierto desde el primer día y el Estado turco lo justifica como hechos acontecidos por conflicto entre etnias, por cuestiones religiosas, estrategias logísticas de guerra, circunstancias penosas de enfermedad y hambre que afectan a la vulnerabilidad de la población en beligerancia; así, toda una maquinación de olvido se ha puesto en marcha y bajo los mismos astros, testigos silentes que miran al mundo entero, la muerte le saca la lengua a las excusas inventadas por Turquía, a pesar de la intención de anular los clamores de justicia de los armenios; con esa siniestra negación de la verdad que sangra, Turquía intenta hacer como que no ha pasado nada, y discreta, sin recelos, se conduce removiendo cementerios, deportando niños dotados de consciencia, y en su intento de limitar la memoria, impone leyes que restringen recordar y hasta hablar del tema.

Mientras tanto, los armenios, dispersos por el mundo entero, cada vez más adoloridos, menos comprendidos, sobreviven, aunque no se les permitió curar sus heridas, con la brasa encendida en la memoria que reclama y amenaza desquiciarlo todo; por esa tribu mutilada, por esa familia desintegrada, traumas que no se olvidan, días de terror (y noches también), elevan su estrella de luto, comunican su dolor al mundo. Esta vez ya no importa si hay quien sepa o no escuchar; ya no importa si ponen el dedo en la llaga; esto es una vibración que hace temblar lo más profundo del universo, porque tales atrocidades nos afectan a todos y hay historias que van contándose de boca en boca; en verdad, el ser humano se religa, se conmueve, mientras Dios derriba un lucero de paz.

El camino a la verdad y el ejercicio del derecho humano se construye de esta manera, con la participación de miles de voces, de gente que decide hacer pequeñas cosas, como preguntar, investigar, escuchar o simplemente levantar la bandera blanca de la defensa y justicia, por todos los recónditos países de la pena, por del dolor del resto. Que no se vuelva a repetir en el mundo la atrocidad, el ostracismo, la indiferencia. Que no vuelva: llámese guerra, venganza, crueldad; castíguese la injusticia, destrúyase el monstruo del genocidio. Que no sangre más esa herida por el dolor extrañamente íntimo y que en tu cara, hermano armenio, cese el rastro de las lágrimas, porque la memoria de ese mundo perdido, se calma y reconforta con la solidaridad y porque ya no eres más el pájaro del exilio, porque esa nacionalidad que arde en el pecho, que estremece el corazón, es legítima y nadie puede arrebatarla, nadie. Y aunque cierto es que las pérdidas son irreparables, también resulta cierto que el mundo tiene en el pueblo armenio un ejemplo de valentía, lealtad, resistencia y lucha; que muchas veces, en contra de la razón, del sentido de auto proteccionismo y supervivencia, se decidió a hablar, venciendo el miedo.

No sorprenda a nadie que los secretos hablen y tantas historias ocultas se ventilen hoy, ya no como pálidos luceros que callan los suspiros, de tantos hombres y mujeres que en la tierra sufren la deshumanización del hombre, ya no como astros indiferentes, que sin recelo cubren el sol, mientras las atrocidades se encubren en silencio. Ha llegado el tiempo de contar, de arrancarse los recuerdos; ha llegado el tiempo de sentir, pero como sienten los que han padecido tortura, humillación, injusticia; y aunque las distancias nos aproximen tiempos lejanos, intentar comprender, intentar sentir piedad. La experiencia de Armenia, tan extrema pues, y todo aquello que en la historia del mundo ha destilado crueldad (horror quizá), ha dejado una gran lección a la humanidad, puesto que el corazón del hombre, supuestamente humano, debe sentir como tal y por lo tanto disentir de los errores de pocos, muy pocos, que en un instante maligno de equivocación, han causado efectos devastadores; que esta experiencia que hoy tenemos ante los ojos (y corazones), nos ayude a recuperar nuestra esencia humana.

Un genocidio que se perpetúa con la indiferencia

Jorge Rubiani

El 24 de abril de 2015, se cumplieron 100 años del inicio del holocausto armenio. En esa misma fecha del año 1915, el gobierno turco detenía en Estambul a 235 miembros de dicha comunidad. El procedimiento se extendería en los días, meses y años siguientes hacia territorios de ancestral residencia armenia, con el arresto, persecución y martirio de hombres, mujeres y niños de esa nación. Aunque en el siglo anterior se habían registrado matanzas similares de armenios civiles en manos de los turcos, fue a partir de la fecha mencionada cuando se inició el sistemático operativo de exterminio en el que —se calcula— perecieron cerca de dos millones de personas tras la confiscación y robo de sus bienes, la destrucción de sus solares y la devastación de ciudades y pueblos que albergaban milenios de civilización y cultura armenias.

Las distintas crónicas que describen la barbarie otomana difieren en el inventario de hostilidades o en el recuento del número de víctimas; pero todas concuerdan en los detalles del bárbaro episodio que obligó la diáspora del pueblo armenio sobreviviente:

> Se suceden escenas desgarradoras, las casas son incendiadas con sus ocupantes dentro, las mujeres violadas y mutiladas, los niños arrojados a los ríos. En las provincias de oriente, el exterminio es masivo y gran parte de los sobrevivientes perderán sus vidas por causa del hambre y el agotamiento en las forzadas marchas hacia el exilio. Un elevadísimo número de niños estimado en cerca de 100.000 son arrancados de sus familias y entregados a turcos y kurdos para ser educados bajo otras creencias y aprendiendo una lengua diferente[1].

---

1 Molinari, Manuel (2004): «Una cultura diferente. Lo insoportable de la alteridad. La trágica historia del pueblo armenio». [En línea] <https://www.rebelion.org/hemeroteca/ddhh/040204molinari.htm> [Consulta: 6 de junio de 2016].

Es difícil contener un fenómeno semejante dentro de un frío análisis académico. O de explicarlo mediante asépticas consideraciones ideológicas. Porque el monstruoso crimen, contenido en un vocablo recién desde 1939 y a partir de entonces conocido como *genocidio,* nos enfrenta a un defecto congénito de la raza humana: la violencia asesina hacia los diferentes, a los que pretenden el mismo territorio o hacia los opuestos en creencias y cultura. Nos revela la brutalidad de los que no saben, de los que no pueden ni quieren convivir en la incómoda diversidad. En la aceptación de que somos diferentes por origen y formación; o porque cada etnia o grupo nacional percibe —desde su lugar y su tiempo— un mundo de distintas sonoridades.

Pero lamentablemente, los pueblos suelen manifestar los mismos defectos que sus componentes individuales, haciendo que un colectivo obnubilado por credos, dogmas o simple revanchismo, estalle en manifestaciones de increíble violencia hacia sus iguales.

Esas fueron las pautas que caracterizaron la conducta humana en los comienzos de la existencia, sin que las víctimas tuvieran otras posibilidades que sufrir la dominación o resistir al invasor esperando la oportunidad de la venganza. No es menos cierto, que en la historia de la conformación de los estados nacionales, durante las guerras independentistas o en los enfrentamientos armados que permitieron los procesos de colonización o el dominio de un estado por otro, en demasiadas veces han tenido lugar las llamadas «guerras a muerte». En las que un acuerdo no escrito determinaba el fin del conflicto armado entre vencedores y degollados. Situación en la que los vencidos eran simplemente masacrados, sus bienes robados y sus mujeres e hijos raptados para «beneficio» de la horda victoriosa que quedaba dueña de un campo de batalla.

Ese fue el largo y sangriento camino de la humanidad. Conviene recordarlo. Por lo que sorprende que en los albores del siglo XXI y suficientemente asumida dicha experiencia, el silencio o la indiferencia del mundo siga apagando el clamor del pueblo armenio. Tal vez se debe el hecho, a que el generalizado pecado de la violencia haga olvidar a algunas naciones sus traumas de nacimiento o de historia. Tal vez fuera la sinrazón de los que orgullosamente integran comisiones de paz, de derechos humanos o de seguridad en los foros internacionales. Pero más sorprendente aún es que demasiados Estados democráticos ignoren todavía que las injusticias y la violencia de ayer, se reiteran hoy en un mundo embelesado por la estadística de las balanzas comerciales, olvidando que poco y nada se ha instrumentado para aislar —mucho menos castigar—, a los que alimentan los vicios mencionados. Gérmenes de un mismo mal, que junto a la indiferencia y la complicidad de tantos, pueden llegar hasta a amenazar —tal vez definitivamente—, el espíritu de la convivencia en el planeta.

Porque los genocidas excusan, desde luego, sus crímenes. Se prodigan con argumentos para el intento de justificarlos. Para diluir sus culpas con una maraña de descalificaciones denigrantes hacia quienes fueron sus víctimas. Terminando por adjudicarles los errores por haber «estado ahí», por haberse puesto «en el camino» de sus agresores. Por «haberlos provocado». Estas muestras de insolencia parecen no incomodar a los pueblos que se llaman civilizados; a los que manifiestan sus desvelos por el futuro de la humanidad. A los que, constantemente, abogan por la paz del mundo.

Es el eterno fenómeno de la *banalización del mal* que alienta su propagación. La elástica retórica que lo justifica, frente a las enormes dificultades para destacar el bien u obtener justicia. No ya siquiera solidaridad o reconocimiento. Mucho menos, condenas o castigos a los Estados o grupos victimarios...

A cien años de su martirio, con la misma esperanza y el mismo dolor, el pueblo armenio espera...

Armenia y Honduras: dos países con rostro de sangre

Dick Lester Núñez

Las atrocidades cometidas contra el pueblo armenio por el Imperio otomano y el Estado de Turquía durante los años 1915 a 1923 es lo que se conoce como Genocidio armenio. Estas atrocidades cobraron la vida de un millón y medio de personas que fueron asesinadas con el objetivo explícito de ponerle fin a su existencia colectiva.

El papa Francisco reconoció que el primer genocidio del siglo XX fue el armenio. Y es que, más allá de las cifras contabilizadas de muertes, nadie tiene derecho a asesinar a otros y es una condenación delante de Dios por tales actos. Pero más allá de dichas muertes, una vida humana que se pierda vale igual que todas las demás.

A pesar de la documentación largamente probatoria del hecho, Turquía lo sigue negando y se esfuerza vanamente por tratar de distorsionar la historia. El Genocidio armenio (también llamado holocausto armenio) no puede disimularse y, mucho menos, borrarse de la historia.

Y es que realmente la historia de la humanidad ha tenido rostro de sangre ya que, desde sus orígenes, nos hemos matado los unos a los otros. Cómo olvidar los diez a treinta y un millones de personas muertas entre civiles y militares durante la primera guerra mundial; los seis millones de judíos exterminados con la implantación del régimen nazi de Adolf Hitler durante la segunda guerra mundial; la guerra civil española dejó como saldo doscientos mil muertos y ciento catorce mil desaparecidos, sumando, por consecuencias directas o indirectas de la guerra, la cifra de 630 500; la Guerra de Vietnam de 1957 a 1975 costó de dos a seis millones de vidas.

Latinoamérica no es ajena a estos rostros de sangre. Sólo para hacer un recuento rápido en Latinoamérica durante el siglo XX se han registrado un total de 327 golpes de Estado dejando un centenar de muertes por causas políticas y de conflicto social.

En su historia política, Honduras, lleva más de medio siglo de golpes de Estado. Los golpes de Estado por parte de las fuerzas armadas nacieron en la década de los años cincuenta, siendo el primero el 21 de octubre de 1956 y el último el 28 de junio de 2009.

La llegada del golpe de Estado en junio de 2009, marcaría el recrudecimiento de las persecuciones políticas. Sin embargo, la cacería no estaba lejos de detenerse; los medios de comunicación la declararían como delincuencia común, a pesar de que quienes estaban siendo asesinados eran los periodistas, abogados, políticos, maestros, campesinos, obreros, homosexuales y féminas.

La política del exterminio de los disidentes, solo en lo que va del 2009 al 2015, se ha cobrado la vida de más de doscientas personas ligadas a la resistencia contra el golpe de Estado. ¿No es esto un genocidio? ¿O simplemente es violencia común?

Según muestra el Observatorio de la Violencia de la UNAH, la tendencia de homicidios que hay en Honduras es de un promedio mensual de 563 (19 homicidios diarios). Estas cifras nos convierten en unos de los países más violentos del mundo.

Honduras se desangra. «Ni una muerte más, ni ataque, ni amenaza a periodistas y defensores de derechos humanos», dice el encabezado de la carta abierta que Amnistía Internacional dirigió al Gobierno de Honduras.

Armenia y Honduras: dos países con rosto de sangre. Esperemos que las generaciones futuras sean las que cambien estos rostros envueltos de sangre por rostros de esperanza y amor…

El genocidio de Armenia

Yanira Soundy

El Genocidio armenio, conocido como holocausto armenio, fue la deportación forzosa más dolorosa y oscura que he leído hasta el momento. En esta deportación se dio el exterminio de un número indeterminado de civiles armenios, que ha sido calculado aproximadamente entre un millón y medio y dos millones de personas, por el gobierno de los Jóvenes Turcos en el Imperio otomano, desde 1915 hasta 1923.

Este holocausto armenio ha sido descrito por los historiadores como brutal.

La fecha del inicio del genocidio se conmemora el 24 de abril de 1915, el día en que las autoridades otomanas detuvieron a 235 personas armenias en Estambul; luego, la cifra de detenidos ascendió a 600. Después, se dice, una orden del Gobierno central estipuló la deportación de absolutamente toda la población armenia, sin poder llevar nada consigo para sobrevivir y su marcha fue forzada por cientos de kilómetros, en lugares desérticos donde muchísimas personas murieron de hambre y sed. Cuenta la historia que quienes sobrevivieron fueron víctimas de robos y violaciones.

La República de Turquía, sucesora del Imperio otomano, no niega que las masacres de civiles armenios ocurrieron, pero tampoco admite que se trató de un genocidio, pues se dice que las muertes no resultaron de un plan de exterminio masivo y sistemático, sino a las luchas interétnicas, enfermedades y hambre durante este terrible periodo de la primera guerra mundial; sin embargo, muchas personas estudiosas, e inclusive algunas personas turcas, opinan que los hechos sí llenan las características de un genocidio.

Sin embargo la definición de *genocidio* no sólo es el exterminio sistemático de un grupo social motivado por cuestiones de raza, religión, etnia, política o nacionalidad. El genocidio es un asesinato de masas que persigue la eliminación del grupo y puede incluir también medidas para evitar los nacimientos. Por otra parte, los juristas mencionan que el genocidio se diferencia de lo vinculado a una guerra, «donde el objetivo es desarmar al enemigo y no exterminarlo». El genocidio no es lo mismo que el asesinato en serie, pues niega el derecho de existencia a un grupo humano; en cambio, el asesinato en serie es un asesinato periódico de personas aisladas.

Dentro de estos grupos de armenios iban mujeres, hombres y jóvenes, pero también iban niños y niñas, personas de edad avanzada y personas con discapacidad. Toda su población fue sometida a esta deportación forzosa; sin forma de sobrevivir, fueron deportados hacia la muerte.

El Genocidio armenio (1915-1917) y el Holocausto ejecutado por el nazismo son ejemplos históricos de *genocidio*.

Poemario

A TODAS LAS VÍCTIMAS DE LAS
GUERRAS POR INTOLERANCIA
ASESINA

Dora Isabel Berdugo Iriarte

¿Cuándo llegará el día que los hombres acaben sus guerras fratricidas?
¿cuándo llegará la hora que la historia haga justicia a las víctimas del
[olvido?
desde esta orilla comparto la indignación de miles y millones de
[armenios
que encontraron en la espada del hermano de otra etnia el azote de
[sus vidas.

Armenios desde el exilio claman justicia y no venganza
esto prueba que el perdón supera la barbarie
y que la razón nos salva del peligro
pero la indiferencia es cómplice de su dolor histórico.

Turquía escucha el clamor de quienes te piden justicia
abre tu corazón reconoce los errores del pasado
no avales la sangre derramada por Hamid II
sultán sangriento que desató el horror en ese pueblo
y destruyó la paz de los armenios para siempre.

Buscando refugio algunos huyeron
a tierras ajenas sin contar que su sino los perseguiría
y que la injusticia una vez consumada
solo quiere propagarse y mantener
su impunidad para siempre.

Oh mundo perverso oh raza de injustos hombres
¿cuándo harás justicia a los armenios masacrados?
¿cuándo le reclamarás justicia al genocida?
No olvides que serás único culpable

si cambia el corazón de quienes piden tu justicia
y agárrate firme si mañana
a tus víctimas solo les calme la venganza.

Principios humanos

José Luis Álvarez Vélez

Las ideas están diáfanas y son obvias
las reflexiones cuando hay heridas,
las cuales se pierden en los campos de batalla,
donde imperan la soberbia, la ira y avaricia.
La cultura es para todos y sin ella los pueblos
no andan. Es patrimonio universal.
Los cien años son recordatorio de que no
hubo amor, sino genocidio.

Escrito en las colina de Tsitsernakaberd sobre el desfiladero de Hrazdan

Luis Manuel Pérez Boitel

Desde Ereván las sombras mutiladas de los
armenios, desdibujadas por los años, nos recuerdan las voces
de los masacrados, de los que fueron en el convite
ilógico, irracional del Imperio turco a residir
en fosas comunes, a dejar sus huesos, las melladuras que no se pueden
[borrar
de un tirón entre tanta ceniza, aunque la centuria nos anuncie
una rara indiferencia. Escribo en las colinas
de esta ciudad, y veo que los muertos
sólo llevan un equipaje en su memoria,
un sobresalto que no les permiten descansar
en paz.

Que se pongan de pie los que estuvieron en Dayr az-Zawr,
Ra's al-'Ain, Bonzanti, Mamoura,
Intili, İslahiye, Radjo, Katma, Karlik, Azaz, Akhterim,
Mounboudji, Bab, Tefridje, Lale, Meskene, Sebil,
Dipsi, Abouharar, Hamam, Sebka,
Marat, Souvar, Hama, Homs y Kahdem), que se pongan
de pie aquellos adolescentes armenios
que no se sabe a dónde fueron a parar.

En la colina florece ahora algo de la memoria, un aciago
tiempo nos hace partícipe de la justicia, por las voces que no tuvieron
más remedio que abandonar sus casas, sin saber apenas
hablar de los destinos del país, del holocausto
del que fueron víctimas. Cuerpos estos dispersos,
silenciados, hueso contra hueso, carne descarnada,
país en ruina, entre el humo de las chimeneas

donde fueron borrados del paisaje. A rajatablas.
No hay nombres. A rajatablas.

Desde Ereván, a la salida del sol, como si fuera este
un tratado vendimiador de la historia verdadera,
la ciudad ha cambiado desde entonces.
En cada pedacito de tierra se alberga la memoria
de los que se fueron, de los que ya no están hace un siglo,
y no ha pasado nada, absolutamente nada
para darle la palabra a los que no la tuvieron,
pues no tuvieron más remedio que partir. Raros navíos
Estos. Raros acertijos nos muestra lo real,
el rosto petrificado, el tiempo mismo del rostro petrificado
de todos los armenios. A rajatablas.

Que se pongan de pie los que estuvieron en Dayr az-Zawr,
Ra's al-'Ain, Bonzanti, Mamoura,
Intili, İslahiye, Radjo, Katma, Karlik, Azaz, Akhterim,
Mounboudji, Bab, Tefridje, Lale, Meskene, Sebil,
Dipsi, Abouharar, Hamam, Sebka,
Marat, Souvar, Hama, Homs y Kahdem), que se pongan
de pie aquellos adolescentes armenios, los intelectuales
de aquellos años, que no se sabe
a dónde fueron a parar.

En esa multitud descifro estas palabras, como si
estuvieran escritas desde mucho antes
sobre el desfiladero de Hrazdan. Me acerco a la pared
y están los nombres, las miradas perdidas de los que se fueron,
hijos estos de armenia. País que dibujo sobre la palma
de mi mano, mientras en la otra aprieto unos claveles
para dejar en el sitio y me consterno por los que no tuvieron
el derecho de hablar.

Que se pongan de pie los que estuvieron en Dayr az-Zawr,
Ra's al-'Ain, Bonzanti, Mamoura,
Intili, İslahiye, Radjo, Katma, Karlik, Azaz, Akhterim,

Mounboudji, Bab, Tefridje, Lale, Meskene, Sebil,
Dipsi, Abouharar, Hamam, Sebka,
Marat, Souvar, Hama, Homs y Kahdem), que se pongan
de pie aquellos adolescentes armenios, los intelectuales
de aquellos años, que no se sabe
a dónde fueron a parar.

Cien años

Gustavo Sterczek

Van a ser cien años
Cien años de infierno,
Van a ser cien años
De horror, de silencio,
De lunas vacías,
Gritando en el desierto.
Van a ser cien años
De poemas malditos
Arrancados de prepo,
De soles que gritan
De rostros de miedo,
De gorros infames
De robos, saqueos,
Van a ser cien años
De pesadillas, sin sueños.
De muerte forzada
De abusos, de entierros,
De almas quebradas
Y de niños huérfanos.
Van a ser cien años,

Cien años malditos
De hiel en la sangre
De corazones de hielo,
De tierra ultrajada
De llantos, anhelos,
De estrellas agónicas
Mirando, en silencio.
Van a ser cien años
Que maldigo, aborrezco,

Nadie se dio vuelta
Ni preguntó siquiera
¿Cien años de qué?
¿Qué fue lo que han hecho?
Van a ser cien años
Explicación no encuentro,
Maldiciendo en voz alta
Gritando en silencio,
Que se haga justicia,
Que encuentren sus cuerpos,
Que digan que hicieron
¡Criminales, necios!
Que limpien su historia
De sangre y veneno.
Y que duerman en paz
Los que hasta ahora,
No durmieron.
Que digan de su boca
¡Sí!, sí!, lo hemos hecho,
Que pidan perdón,
Ante Dios, y el mundo entero.
Van a ser cien años
Sin tener consuelo,
Forzados, masacrados,
Cien años de estiércol.
Van a ser cien años
¡DEL GENOCIDIO ARMENIO!

Al pie del gigante

Gustavo Sterczek

Al pie del gigante.

Recuerdo la emoción con que muchos armenios me hablan de su monte más amado, mucho más que un monte en realidad, un sueño en su tierra misma, el inmortal Ararat.

Montaña nombrada en la misma Biblia como el sitio elegido para que Noé posase su histórica arca.

Y precisamente a sus pies, a los pies de este gigante, es que transcurrió gran parte de la historia de esta nación milenaria, cuya historia es tan antigua como para entremezclarse con todo tipo de leyendas.

Una de ellas, de las más conocidas es la del patriarca Hayk, quien derrotando a los babilónicos, fundaría el reino simbolizado hoy día con una imagen disparando un flechazo. Esa fecha simbólica, 11 de agosto del año 2492 a. de C., es tomada para iniciar su propio calendario.

Al pie del gigante, se organizó el reino que tendría varios momentos de esplendor, llegando incluso al mismo mar Mediterráneo poco antes del nacimiento de Cristo y rivalizando con la misma Roma.

Al pie del gigante, nacieron las letras que iluminarían y llenarían de orgullo a todo su pueblo: el alfabeto armenio. Creado por el gran Mesrop Mashtots, acercaría la Biblia a todo el pueblo en una traducción única y extraordinaria que sería calificada varios siglos después como «la reina de las traducciones».

Al pie del gigante, se convirtió este pueblo en el primero en toda la historia en aceptar el cristianismo como religión oficial, y precisamente esta fe cristiana se volvería absolutamente inquebrantable y parte de la esencia misma del ser nacional. En la cruz de Cristo se apoyarían en los momentos más dramáticos de su rica y longeva historia.

Al pie del gigante, los armenios librarían la primera batalla en defensa de la fe cristiana en un campo de batalla, Avarair, comandados por Vartán Mamikonián, en el año 451 de nuestra era, se enfrentaron a matar o morir contra un enorme ejército persa. Pese a la derrota, jamás resignaron su fe, que buscaba ser cambiada por el mazdeísmo, religión preponderante del invasor.

Nada movió la fe de un pueblo de fe.

Y al pie del gigante, también, acaeció el mayor tormento en la historia de un pueblo: el Genocidio armenio. Un millón y medio de habitantes masacrados por el Estado turco con los métodos más aborrecibles empleados jamás y en número hasta ese entonces desconocido para la humanidad. Aproximadamente el 75 % de la población total armenia murió como consecuencia de deportaciones, ejecuciones directas, o de hambre y sed, en las interminables e inhumanas marchas al desierto, a Siria, o hacia las montañas del norte, a donde iban generalmente mujeres y niñas víctimas de todo tipo de abusos y violaciones de los soldados turcos.

Así fue desmembrada esta nación milenaria.

Así se apropiaron los turcos de todo lo armenio: bienes, casas, valores, joyas, tierras, todo lo que no podían obtener por sí solos y que no les pertenecía, pasó a pertenecerles, ante la mirada desinteresada del resto del mundo que, pudiendo hacer algo, no hizo nada y no tuvo voluntad de ocuparse del crimen, ni en 1915 ni ahora.

Escribo esto a cien años del genocidio atroz que marcó para siempre no sólo a las víctimas, sino al victimario y a muchos pueblos que sufrirían también sus propios genocidios, como judíos y eslavos, inspirados sus asesinos en la deplorable falta de justicia de este mismo en el maldito siglo xx.

Escribo esto a cien años de la vergüenza más grande que Turquía y todo el mundo llevan a cuestas: la reparación moral y material de todas las víctimas de esta barbarie.

Escribo esto, sin estar al pie del gigante, pero con la ilusión poética de todo el que escribe, ilusión que me hace querer imaginar que un día, todas las almas violentamente arrojadas de sus tierras ancestrales, nacerán juntas, como una sola, al pie, al pie del gigante.

Al pie del inmortal Ararat...

Cuesta escribir, cuando el tema es la muerte.
Cuesta escribir, cuando además, se trata de un exterminio...
Pero creo que si no escribimos y hablamos sobre esto, podemos
[también ser potenciales
víctimas de una tragedia similar sin que otros siquiera se enteren.
Quizá terminar igual
Quizá terminar peor.
Me preguntan por qué escribo,
Escribo por esto.
Me preguntan por quién escribo,
Escribo por Anush, y por Kariné
Por Luciné
Por Aram
Hagop
Por Hovannés
Por Kevork,
Y tantos otros que ni siquiera conozco de nombre
Escribo por las aldeas y las ciudades
Por los labradores y los campesinos
Por los que cayeron bajo el infame yugo del turco
Por los que escaparon
Por sus hijos y nietos
Para que un día pueda yo tener la dignidad suficiente
Para mirarlos a los ojos
Y no sentir vergüenza
O que tengo que pedir perdón.
Escribo por las fotos que conocí
Y las que no
Por las historias que me llegaron
Y las que se perdieron
Por los chicos que escaparon
Y llevaron la semilla armenia a todo el mundo
Por esta diáspora inquebrantable,
Que lucha de pie contra todo y contra todos
Por la memoria de sus abuelos.
Escribo por las melodías que aprendí
Y las que no

Por los hombres que cayeron
Y los que emigraron
Las mujeres que sobrevivieron
Madres armenias
Por los colegios incendiados
Por las iglesias antiguas
Transformadas en mezquinas
O en establos.
Escribo porque mi conciencia me grita
No me deja en paz
Porque si cambio los rostros de las fotos
Puedo estar yo
Pueden estar los míos
Porque si no gritamos
Cualquier puerta se puede seguir tirando abajo
Para que caigan más.
Escribo porque me da vergüenza
Ver marchar a los armenios solos
Para pedir justicia
Como si el resto del mundo
No la precisase…
Escribo por todo lo que se
Y lo que no
Por las filas de cráneos
Que vi tantas veces
Las mujeres solas
Muriendo de sed
Escribo por los chicos
Que son lo más noble.
Escribo
Para no ver más la sonrisa del turco
Ante la obra consumada
Y para no escuchar
Los silencios cómplices.
Escribo
Por las aldeas de Van
Por Yozgad

Por Kars
Por todas
Por el retorno de las semillas
Y del gigante eterno
El guardián Ararat
Por el fin de las mentiras
Por la verdad resistida
Por la verdad silenciada
Para vencer al olvido
Antes que nos venza a todos
Para que todos sepan
Por qué no están en su casa
Para que todos sepan
Que el damasco no murió
Y que la grulla está de vuelta
Por el grito demorado
De 100 años
Por este siglo de infamia.
Escribo
Porque no quiero morirme
En el mismo mundo en que llegué
Inhóspito, cruel, indigno
Que disimula cañones
Bajo las flores
En el que 1 500 000 armenios
No parece significar algo.
Escribo,
Para que la vida de un armenio
No valga menos que otra
Escribo por las familias
Por vos, por mí
Por nosotros
Por todos.
Porque hay cosas que no se pueden olvidar
Por ese maldito 24 de abril de 1915,
Escribo…

Genocidio armenio

Aída Acosta

> ... los brazos abiertos
> son el prólogo de un abrazo
>
> Alicia GHIRAGOSSIÁN

Descalzos
encendidos los pies
su tierra, huellas de aire
solo arena entre las manos
sus ojos un mar vaciado al dolor
los hijos, las madres, los padres
trozos de seres
la mujer violada
el marido crucificado
la hija humillada y torturada
sin agua
sin pan
solo arena
arena
arena.
Deambulan hacia la muerte
expulsados del vientre
cientos, miles de armenios
sin agua
sin pan
solo arena.
El recuerdo tiene cien tambores
alumbrados de palabras
una lluvia de albaricoque
sobre los ojos cerrados.

Ararat es una luz en el corazón
exiliado de los supervivientes
Ararat es el arca
de brazos abiertos
Ararat, rocío verde,
esperanza.

UNA SEÑAL OSCURA

Santos Domínguez Ramos

Se notaba en algunos presagios desolados,
en ciertas madrugadas
que la luz invadía con su guadaña blanca
por sorpresa, como arden los campos enemigos,
con cuchillas de fuego y tizones de acero.

Se sabía que una tarde caliente sonarían
las campanas de muerte y el miedo a los olivos
en la noche sin sueño, ni amanecer ni luna,
que bajaría la sangre por las calles en cuesta
como un río sin canciones ni desembocadura.

 Se sabía que el silencio sería la voz del pánico,
otra forma de muerte, otro modo del miedo:
el idioma común del muerto y los mortales
y una antigua costumbre de días sin cosecha.

Y la memoria intacta
mandaba con temblor de hoja en otoño,
con números ofidios,
una señal oscura y un soplo de aire helado.

Relato

Ardarutiun

Luciano Andrés Valencia

> Tú, un extraño, alma gemela,
> que dejas atrás el camino de la dicha,
> escúchame.
> Sé que tus pies inocentes todavía están mojados
> con la sangre de los tuyos.
> Manos extranjeras han venido y te han tirado
> la rosa sublime de la libertad,
> que finalmente brotó de los dolores de tu raza.
>
> Adom YARJANIAN, *Siamanto (Llanto)*
>
> Justicia, justicia perseguirás
>
> *Deutoronomio, 16:20*

I

Soghomón Tehlirian se despertó con un terrible malestar. Había sufrido pesadillas, temblores y sudoración durante toda la noche. «Espero no desmayarme hoy», pensó. Si la sensación persistía iría al consultorio del doctor Kassirer. Se sentó en el borde de la cama y mientras se vestía, comprobó que también le aquejaba el estómago. Se dirigió al comedor y saludó a la señora Tiedman, la dueña de la casa, que le sirvió una taza de té. Antes de beberlo, le agregó una medida de *cognac* pensando que eso lo aliviaría. La casera se sorprendió porque nunca lo había visto beber, pero no dijo nada. De todos modos no hubiera podido, ya que no sabía su idioma. El joven había llegado a Alemania desde Medio Oriente unos meses atrás, pero solo hacía quince días que le alquilaba una habitación de su casa.

Luego de desayunar, se retiró a continuar con sus estudios de alemán. Antes de sentarse en el escritorio, abrió las ventanas de par en par para sentir el sol de la mañana. Allí fue cuando comprobó que, en la casa de enfrente, también había una ventana abierta, y por ella podía verse cómo, el hombre al que estuvo vigilando las últimas dos semanas, se colocaba el sobretodo y el sombrero dispuesto a salir. Pensó que había llegado el momento. Extrajo la Parabellum 9 mm que escondía celosamente de la mirada de la casera dentro de su bolso de mano, la guardó en el bolsillo interior del chaleco y salió rápidamente a la calle.

Una vez fuera de la casa, buscó al hombre y lo vio alejándose por la calle Charlotemberg. Tuvo que correr para alcanzarlo y cuando estaba a poca distancia redujo la velocidad de sus pasos. En ese momento extrajo la pistola y apuntando a la cabeza, disparó. La explosión interrumpió el silencio de aquella mañana.

Soghomón vio como aquel hombre poderoso se desplomaba luego de que la bala le atravesara el cuello. Habiendo comprobado que yacía en medio de un mar de sangre, dejó que la pistola cayera de sus manos. Ya no la necesitaba: la venganza estaba consumada. Trató de escapar por la misma calle, pero un grupo de transeúntes se arrojaron sobre él y comenzaron a golpearlo.

Él es extranjero y yo también —les gritó en su pobre alemán—, no hay ningún daño para Alemania.

Fue lo único que alcanzó a decir antes de sucumbir a un nuevo desmayo.

II

Una mañana de mayo de 1915 llegó la orden de deportación para los armenios de Erzindjan, en la región oriental del Imperio otomano. Funcionarios municipales recorrían las casas de los miembros de la comunidad para informar que, por orden del Gobierno imperial de Constantinopla, todos los armenios serían llevados fuera del área de combates debido a la cercanía de las tropas rusas. El telegrama estaba firmado por el ministro del Interior Talat Pashá. Se les deba media hora para juntar sus pertenencias antes de comenzar con el traslado.

Cuando la orden llegó al hogar de los Tehlirian, una familia de prósperos comerciantes, el padre pidió que juntaran rápidamente sus pertenencias más valiosas y las subieran al carro que atarían al burro.

En otros tiempos, el carro había sido tirado por caballos, pero estos habían sido confiscados para las necesidades de la guerra. Soghomón tenía por entonces 18 años y vivía junto a sus padres, dos hermanos y una hermana. No guardaba recuerdos de las masacres armenias de finales del siglo pasado, pero por el miedo que emanaba de la voz de su padre, sabía que algo malo podía llegar a suceder.

Cuando los gendarmes turcos —o acaso kurdos— llegaron a buscarlos, la familia estaba lista. Habiendo cargado las escasas pertenencias que cabían en el carro, fueron conducidos junto a otras familias a una caravana que circulaba rumbo al sur. Hombres fuertemente armados la custodiaban por ambos lados.

Al caer la tarde, los hicieron detener y comenzaron a requisarlos. Los gendarmes confiscaban cuchillos de cocina y paraguas, y golpeaban a sus propietarios acusándolos de estar escondiendo armas. Cuando llegaron a la familia Tehlirian, uno de los gendarmes se acercó a la hermana de Soghomón, de 15 años, y tomándola de un brazo le dijo:

—Eres una joven muy bella, ven con nosotros.

La familia intentó impedir que se la llevaran, pero el resto de los gendarmes les apuntaron con la bayoneta. Dos gendarmes la condujeron hasta unos arbustos y comenzaron a violarla brutalmente.

—Quisiera estar ciega antes de ver esto —gritaba desconsoladamente su madre.

Los gendarmes le ordenaron que hiciera silencio, pero la mujer continuó reclamando por su hija. Ante esta negativa, uno de los gendarmes apuntó hacia ella y la derribó de un disparo. Después hicieron fuego contra su marido. Inmediatamente, se dio comienzo a la masacre. Soghomón, paralizado de temor y sin saber por dónde escapar, vio como un hacha partía por la mitad la cabeza de su hermano mayor. El menor intentó escapar, pero fue asesinado de la misma forma. De repente, un fuerte golpe en la nuca le hizo perder el conocimiento.

III

Soghomón despertó en el calabozo de una comisaría de Berlín. Tenía la cabeza vendada y estaba dolorido en todo el cuerpo. Tardó unos minutos en recordar cómo había llegado ahí. Las imágenes de la masacre de su familia ocurrida seis años atrás se mezclaban con los últimos acontecimientos.

Media hora después vinieron dos oficiales a buscarlo y lo llevaron esposado a la oficina del Consejo Jurídico del Tribunal. Junto al funcionario que habría de tomarle declaración se encontraba Kevork Kalusdian, un armenio propietario de la tienda en donde solía hacer las compras. Este le estrechó la mano al tiempo que le decía:

—Yo seré tu traductor —y le entregaba una bolsa de golosinas invitándole a servirse—. Este hombre va a tomarte declaración.

—¿Le trae golosinas a un asesino? —quiso saber el consejero Schultze.

—Como asesino es un gran hombre —respondió el comerciante.

—¿Aunque haya matado a sangre fría y por la espalda a un gobernante extranjero refugiado en este país? —insistió el funcionario.

—Muchos armenios sabíamos que el verdugo de nuestro pueblo se encontraba en Berlín —respondió—, pero solo este joven tuvo el valor de hacer justicia por nuestras familias masacradas. Yo perdí a mis padres en las matanzas de 1896. Disculpe si insisto en que es un gran hombre.

Los tres tomaron asiento y el consejero Schultze comenzó a interrogar al acusado a través del traductor. Soghomón Tehlirian se encontraba muy fatigado y confundido como para dar explicaciones, por lo que respondió afirmativamente a todas las preguntas. Confesó haberse trasladado a Berlín para atentar contra el ministro Talat Pashá y haber actuado con premeditación aquella mañana. Terminada la declaración, el consejero y el acusado firmaron el acta. Quién se negó a hacerlo fue el traductor.

—El joven se encuentra confundido y dolorido, por lo que no puede tomarse como válida esta declaración —argumentó.

—No nos corresponde a nosotros juzgar la veracidad del testimonio —respondió Schultze—. Eso es tarea del Tribunal.

—De todas formas no voy a avalarla con mi firma.

El comerciante Kalusdian se puso de pie, estrechó fuertemente la mano de Soghomón y le deseo buena suerte. A continuación se colocó el sombrero y saludando formalmente a Schultze, se retiró del lugar.

Los mismos oficiales llevaron a Soghomón nuevamente a su calabozo dando por concluidos los trámites burocráticos del día.

IV

Lo primero que sintió Soghomón al abrir los ojos fue un olor penetrante y pestilente. Era el olor de la muerte, que no podría sacarse de encima nunca más. Cuando miró a su alrededor, vio los cadáveres de los miembros de su familia baleados, acuchillados y mutilados. Junto a ellos, miles de cuerpos se amontonaban abandonados en el desierto. Los gendarmes se habían ido dando a todos por muertos. Pensó que no debía ser el único sobreviviente, pero no halló a nadie más con vida.

La cabeza le dolía en el lugar del golpe y sentía hambre y sed. No podía saber en ese momento que había pasado, casi dos días, abandonado entre los cadáveres de sus familiares y vecinos. También notó que tenía una herida punzante en el hombro y otra en la rodilla.

Adolorido caminó durante horas buscando un lugar donde refugiarse, hasta divisar una vivienda rural. Golpeó insistentemente la puerta y fue atendido por una amable anciana kurda que lo invitó a pasar. Le dijo que podía quedarse hasta que se recuperara de sus heridas, pero que luego debería partir porque el Gobierno turco castigaba a los kurdos que ayudaran a los armenios.

Unos días después pasó una caravana kurda que se dirigía rumbo a Persia. La anciana vistió a Soghomón con ropas kurdas y lo envió con ellos. Antes de partir, abrazó a la anciana y le agradeció por haberlo salvado, a costa de arriesgar su propia vida. Ese gesto nunca se borraría de su memoria.

Permaneció alrededor de dos meses con la caravana kurda, hasta que encontró a dos armenios sobrevivientes de las deportaciones y decidieron continuar solos hasta Persia. No era seguro permanecer junto a los kurdos sabiendo del castigo que pesaba sobre ellos si se negaban a entregar a los armenios sobrevivientes. Pasaron varios días sin comida, debiendo alimentarse con hierbas del campo. Uno de ellos murió por comer hierbas venenosas. Soghomón y su compañero continuaron camino hasta hallar una división del ejército ruso.

Como el otro sobreviviente hablaba inglés y francés —Soghomón solo comprendía el armenio y el turco—, pudo entenderse con el comandante, que puso algunos hombres a su disposición para que los condujeron a la frontera con el Imperio persa.

Soghomón llegó a Persia unos días después sin su compañero, que había decidido desviarse hasta Tiflis. Una vez allí, se dirigió al Consulado Armenio y solicitó ayuda. No era el primer sobreviviente que llegaba al país, así que lo ubicaron junto al resto en una iglesia, donde le dieron alojamiento, comida y ropa para vestir. Con ayuda de la Secretaría del Consulado pudo conseguir empleo en un comercio, que le permitió solventar sus propios gastos, aliviando a la iglesia que seguía recibiendo refugiados. Un año y medio después, había ahorrado una pequeña cantidad de dinero y, como el Imperio otomano había sido derrotado en el frente este, pensó que era momento de regresar a su pueblo.

Casi dos años después de que debiera irse deportado con el resto de su familia, Soghomón retornó a Erzindjan. Buscó la casa de sus padres, pero no estaba preparado para lo que encontró: la vivienda había sido saqueada completamente sin que quedara un solo mueble y luego incendiada. No pudo soportar esa imagen y se desmayó en el umbral de la puerta.

V

Siendo las nueve y media de la mañana del 2 de junio de 1921, el presidente Lemberg declaró abierta la Audiencia del Tribunal de Berlín.

—Señores testigos, señores del jurado, peritos, fiscales y abogados defensores: hoy comienza el juicio contra Soghomón Tehlirian, ciudadano turco de nacionalidad armenia, 24 años, protestante, acusado del homicidio del exministro turco Talat Pashá el pasado 15 de marzo.

Tras hacer algunas observaciones y cumplir ciertas formalidades, se pasó al interrogatorio del acusado. Soghomón Tehlirian se encontraba sentado junto a sus abogados defensores, los doctores Von Gordon, Wertauer y Niemeyer, y un traductor dispuesto por el Tribunal. Las primeras preguntas giraron en torno a su fecha de nacimiento, niveles educativos alcanzados y composición familiar. A continuación, el interrogatorio se centró en las matanzas de las que había sido sobreviviente. Soghomón debió revivir las terribles torturas y muertes que había presenciado. La sala se inquietaba cada vez que relataba las brutalidades cometidas por los gendarmes turcos y kurdos que actuaban bajo órdenes del Gobierno imperial en Constantinopla.

Así continuó hasta el momento en que se desmayó al hallar destruido el hogar de su familia.

—¿Qué hizo al reaccionar? —quiso saber el presidente Lemberg.

—Busqué a otras familias armenias sobrevivientes de la masacre pensado que alguno de mis familiares podía estar con ellos —respondió—. Pero de los veinte mil armenios de Erzindjan, solo sobrevivieron dos familias que abrazaron el islam y no había nadie de los míos. Entonces recordé que en la casa de mis padres había dinero enterrado y volví con la esperanza de que no hubiera sido hallado durante el saqueo. Afortunadamente, encontré el cofre con 4800 liras turcas en monedas.

—¿Qué hizo entonces?

—Con el dinero partí a Tiflis y me anoté en una escuela armenia para estudiar ruso y francés.

—¿Cuánto permaneció en Tiflis?

—Alrededor de dos años.

—¿Qué hizo a continuación?

—La guerra había terminado, así que decidí partir a Constantinopla.

VI

Soghomón llegó a Constantinopla en febrero de 1919. Cargaba solo un pequeño bolso de mano con algo de ropa, el dinero que había podido recuperar de su familia y una pistola de fabricación militar Parabellum 9 mm que había adquirido en una armería de Tiflis para defenderse en caso de que volvieran las matanzas.

En Constantinopla, colocó clasificados en los diarios tratando de ubicar a parientes que hubieran sobrevivido a las matanzas. En los dos meses que estuvo en la capital no dejó de seguir las noticias, tanto en diarios turcos, como en periódicos extranjeros publicados en ruso y francés. El Imperio otomano se desmembraba en pedazos como consecuencia de la derrota militar y los principales responsables del Gobierno del Partido de los Jóvenes Turcos fueron llevados a juicio. Entre ellos Talat Pashá, el responsable de las deportaciones en las que murió su familia.

De Constantinopla continuó hasta Serbia y luego a Salónica, donde localizó a parientes lejanos que habían sobrevivido a las deportaciones. Estos le brindaron alojamiento y atención, ya que los desmayos se habían vuelto cada vez más frecuentes y eran acompañados por sudoración, temblores e imágenes de las masacres. Durante ese tiempo intentó estudiar, pero su estado de salud se lo impedía.

Cuando estuvo en mejor estado decidió continuar su viaje, y uno de sus familiares le recomendó que se instalara en Alemania, en donde podría estudiar Mecánica, una profesión que tenía grandes posibilidades de desarrollarse en la recién fundada República Democrática de Armenia. A Soghomón le gustó la idea, ya que además de continuar con sus estudios que había debido abandonar luego de egresar con honores de la escuela, podría contribuir al crecimiento y desarrollo de su país.

Su primer destino fue Francia, gracias a la ayuda de sus familiares que le hicieron contacto con amigos armenios residentes en el país. Soghomón llegó a Paris a comienzos de 1920 y permaneció varios meses perfeccionando su idioma mientras buscaba la forma de ingresar en Alemania. La guerra mundial había tensionado aún más las relaciones entre ambos países y se hacía difícil entrar en Alemania desde Francia. La solución llegó cuando un armenio de nacionalidad suiza le ofreció nombrarlo administrador de una propiedad que tenía en ese país. Pasó un tiempo en Zurich y con visa del Consulado suizo, pudo ingresar en Berlín a fin de año, con una residencia de ocho días que fue extendida al declarar su interés de estudiar en el país.

La Embajada de Armenia en Berlín le prestó todo el apoyo necesario para poder instalarse en la capital alemana. El secretario de la institución, Iervant Apelian, le sirvió de traductor y garante cuando fue a alquilar una habitación en la casa de la señora Stillbaum, en la calle Ausburger. Casi inmediatamente comenzó a estudiar alemán con una profesora particular, como paso previo para continuar con sus estudios de Mecánica.

También comenzó a frecuentar a otros miembros de la colectividad armenia y trabó amistad con Apelian, quién lo alentó a tomar clases de baile. Durante una de estas lecciones, un armenio mencionó la edición del *Informe Lepsius* sobre las masacres de 1915, a lo que Soghomón reaccionó violentamente: «Deja, no abramos viejas heridas». A continuación, comenzó a bailar con una joven alemana, pero en ese momento sintió un mareo y se desvaneció como había ocurrido la primera vez que vio saqueada y destruida la casa de su familia.

Desde entonces, los ataques nerviosos se volvieron más frecuentes, y acompañado de Apelian, visitó los consultorios de los doctores Kassirer y Haage, que le recetaron un tratamiento a seguir. Con ayuda profesional, Soghomón comenzó a sentirse mejor y a adelantar sus estudios. Hasta el momento en que el destino lo pondría frente al verdugo de su familia.

VII

—¿Sabía usted que Talat Pashá residía en Berlín cuando se mudó a la ciudad? —preguntó el presidente Lemberg.

—No, señor Presidente —respondió Soghomón a través de su traductor—. Cuando estuve en Constantinopla supe que había sido juzgado junto con el resto del Comité Central de los Jóvenes Turcos y condenado a muerte. Pero en Salónica me enteré de que solo uno de ellos, Djemal Pashá, había muerto en la horca, ya que el primer ministro anuló las sentencias. Mis familiares seguían la noticia del juicio a los asesinos de nuestro pueblo y en Salónica se decía que Enver y Pashá se encontraban refugiados en el extranjero, pero sin conocer su ubicación.

—Pero, cuando se mudó de la calle Ausburger a la calle Harttenberg, ¿sabía que Talat Pashá vivía enfrente?

—Sí, lo había descubierto cinco semanas antes.

—¿Dónde?

—Caminando por la calle vi a tres hombres que salían del Jardín Zoológico. Oí que hablaban en turco y a uno de ellos le daban el título de *pashá*[1]. Lo observé y me di cuenta de que era Talat. Lo seguí hasta la entrada de un cine, y ahí vi que los otros dos se despedían besándole la mano y diciéndole *pashá*.

—¿En ese momento tuvo la intención de matarlo? —preguntó inquisitivamente el presidente.

—No, me sentí muy mal, comencé a ver escenas de la masacre y temí un desmayo. Entonces me apresuré a llegar a la casa de la señora Stilbaum. Esa noche soñé que mi madre me decía «Tu viste que Talat Pashá está aquí y permaneces indiferente ¡Ya no eres mi hijo!».

—¿Entonces decidió asesinarlo?

—Cuando veía a mi madre sentía que debía hacerlo, pero luego mejoraba y repudiaba la idea. Soy cristiano y el solo hecho de pensar en matar a alguien me generaba conflictos con mis creencias. Pero luego, aparecía nuevamente mi madre y sabía que debía hacer justicia por mis compatriotas martirizados.

El abogado von Gordon, su defensor, intervino en ese momento para realizar una aclaración ante el jurado:

Que conste en acta que el acusado no llegó a Alemania con la intención de ultimar a Talat Pashá, sino que la decisión fue tomada sin premeditación, como consecuencia de su estado nervioso y las visiones de su madre.

El presidente continuó con el interrogatorio.

—¿Cuándo decidió mudarse de la casa de la señora Stillbaum?

—A principios de marzo, tres semanas después del encuentro con Talat.

—¿Cómo era la relación con ella?

—Muy buena, nunca tuve inconvenientes. Cuando manifesté mi intención de mudarme, quiso saber los motivos y respondí que, por prescripción médica, debía trasladarme a una casa con luz eléctrica, ya que la iluminación a base de gas que utilizaba afectaba mi estado de salud. Previamente había hecho averiguaciones sobre el lugar de residencia de Talat y tuve la fortuna de encontrar una habitación que se alquilaba en la vivienda de enfrente.

—¿Alguien lo acompañó a realizar el alquiler?

—Sí, fue nuevamente el señor Apelian.

---

1 El título de *pashá* se aplicaba durante el Imperio otomano para funcionarios que desempeñan altos cargos políticos o militares. Es similar al *Sir* británico.

—¿Él sabía de los motivos del cambio de residencia?

—No, también le dije que era por mi estado de salud.

—¿De dónde obtenía el dinero para el alquiler y el resto de sus gastos?

—Del dinero que había ahorrado mi familia.

El abogado von Gordon intervino para aclarar que una lira turca equivalía a veinte marcos alemanes.

—¿Cuándo se instaló definitivamente? —volvió a preguntar Lemberg.

—El 5 de marzo. A pesar de estar enfrente de la casa del asesino de mi familia, traté de continuar mis estudios y no pensar en la venganza. Pero entonces aparecía la imagen de mi madre y me recriminaba mi pasividad.

—Así llegó al 15 de marzo. ¿Había planificado el atentado para ese día?

—No, pero cuando lo vi en la ventana preparándose para salir, supe que debía hacerlo para acallar las voces que me atormentaban.

Cuando el traductor pronunció estas últimas palabras, la sala, que había permanecido silenciosa durante el testimonio, comenzó a murmurar. Los miembros del jurado se intercambiaban miradas y realizaban algunos comentarios. El presidente pidió silencio.

El interrogatorio continuó con detalles menores sobre la forma en que se había producido el disparo, el arresto y la primera declaración. Los fiscales también hicieron preguntas y los abogados defensores pidieron dejar descansar al acusado que había debido revivir muchas situaciones traumáticas durante toda la mañana. El presidente dio lugar al pedido y concedió un receso.

La audiencia retomó una hora después. El presidente, el fiscal y los defensores interrogaron a testigos del hecho, a un especialista en armas que brindó información sobre la pistola que portaba Soghomón, al comisario que estuvo a cargo de su ingreso en la dependencia policial y los médicos que realizaron la autopsia al cadáver de Talat Pashá. Todos los testimonios eran cuidadosamente informados a través del traductor a Soghomón Tehlirian, que escuchaba pacientemente sin dar muestras de mayor entusiasmo.

Por la tarde hablaron los miembros de la comunidad armenia, entre los que estaba el secretario de la Embajada Iervant Apelian y el comerciante Kalusdian, que declararon conocer al testigo, pero no estar al tanto de que supiera del paradero de Talat Pashá, ni que tuviera intenciones de atentar contra él. Apelian dio cuenta de su estado de salud, destacando la vez que se desmayó en el salón de baile y debió llevarlo al hospital, así como las veces que lo acompañó al consultorio médico. Kalusdian volvió a manifestar su admiración por el acto heroico cometido y reiteró los motivos de su negativa a firmar la declaración tomada el día del hecho. Los abogados defensores pidieron, en base a esto, que la declaración fuera anulada. El Tribunal dio lugar al pedido, ante la recriminación del fiscal Kolnik y el consejero Schultze.

Sus caseras, las señoras Stillbaum y Tiedman, también declararon favorablemente, diciendo que el joven era una persona noble, modesta, tranquila y aseada. El presidente pidió al traductor que informara que las últimas declaraciones fueron favorables al acusado.

A continuación, hizo uso de la palabra el pastor Lepsius, autor del *Informe secreto sobre la situación de los armenios en Turquía,* en donde confirmaba la veracidad de los testimonios de Soghomón sobre las deportaciones y masacres. También relató la complicidad de las tropas alemanas apostadas en la península de Anatolia, poniendo en duda la autoridad de un tribunal alemán para condenar a quién fue una víctima de un genocidio en el que el país había tenido responsabilidad al no actuar para evitarlo. El general Liman von Sanders le respondió a Lepsius señalando que sus acciones salvaron a miles de armenios en Adrianópolis. Sin embargo, esto fue tomado como una acción personal que no fue representativa de las fuerzas alemanas.

Luego fue el turno de Crisdine Terzibazhian, esposa de un comerciante armenio de Berlín y sobreviviente de las deportaciones de Hadjin, cerca de Erzindjan. A través de un traductor relató su dolorosa historia.

—Nuestra familia se componía de veintiún miembros —comenzó—. Solo sobrevivieron tres a las deportaciones. ¡Vi con mis propios ojos cómo los mataban a todos! —relató con lágrimas en los ojos—. A los más jóvenes los ataban de a dos y los arrojaban al río para que murieran ahogados. Gendarmes y policías turcos tomaban a las mujeres más bellas y las violaban a la vista de todos. A las mujeres embarazadas les reventaban el vientre a culatazos y les extraían el feto a cuchilladas.

La sala comenzó a murmurar y Crisdine, mirándolos, les dijo:
—¡Lo afirmo bajo juramento!
—¿Cómo sobrevivió usted? —le dijo el presidente.

Intentaron violarme, pero no pudieron separarme de mi hijo. Entonces tomaron a la mujer de mi hermano y nosotros pudimos escapar y ponernos a resguardo en una carpa mientras la violaban. De allí nos llevaron a un campamento de prisioneros. Pasamos hambre y sed hasta que las deportaciones terminaron y pudimos escapar.

—¿A quién le atribuía la comunidad armenia la responsabilidad de estas deportaciones? —quiso saber el presidente.

—Todos los telegramas que nos leían llevaban la firma del Consejo de Ministros —respondió Crisdine—, entre ellos estaba Talat Pashá.

El abogado von Gordon hizo uso de la palabra, para señalar que el testimonio de la testigo y del perito Lepsius, daban cuenta de la veracidad de las declaraciones de su defendido en torno a las masacres, por lo que deberían tenerse en cuenta como atenuantes a la hora de dictar la sentencia.

El último testimonio había dejado gran inquietud entre los presentes y debió esperarse unos minutos antes de que pudieran continuar las declaraciones.

VIII

—*Vaterland* —pronunció lentamente la profesora Beilnsohn.

Soghomón no repitió. Había sido un estudiante muy aplicado cuando comenzaron las lecciones, pero en los últimos días se encontraba distraído. No podía leer correctamente y no comprendía lo que había escrito hacía apenas unos momentos. Ella atribuyó esa falta de interés a los efectos de la medicación que consumía para tratar sus ataques nerviosos. No podía saber que el motivo de su estado era el encuentro que había tenido unos días antes a la salida del Jardín Zoológico.

—*Vaterland* —volvió a repetir la profesora, antes de traducir el significado de la palabra al francés, la lengua neutral que usaban para comunicarse—: «patria».

Soghomón repitió lentamente esa palabra pensando en los dos conceptos que la componían: *vater* («padre») y *land* («tierra»).

—Yo no tengo patria —le dijo a la profesora Beilnsohn, y luego continuó en armenio sin que ella pudiera entenderlo—: la he perdido cuando mi madre me desterró de la familia por no hacer justicia ante su muerte.

Ya no tenía patria, pero sabía qué debía hacer para recuperarla.

IX

El doctor Kassirer acababa de dar cuenta de las dos revisiones a las que había sometido al joven Soghomón Tehlirian, así como el tratamiento prescripto, y esperaba las preguntas de la defensa.

—¿Existen dudas fundadas de que el acusado haya actuado de manera consciente y con libre albedrío? —quiso saber el defensor Wertauer.

—Para mí no existen dudas de que el libre albedrío no estaba totalmente ausente —respondió Kassirer.

—¿Entonces piensa que el acusado actuó con libre albedrío?

—Eso es algo que solo se puede suponer, pero clínicamente sostengo que existió libre albedrío.

A continuación, la defensa hizo pasar al doctor Edmundo Vorster, especialista en enfermedades nerviosas de la Universidad de Berlín.

—Es necesario hacer algunas aclaraciones respecto a la opinión de mi colega Kassirer —dijo el especialista—. El acusado mató a quién consideraba el asesino de su familia. ¿Actuaría de la misma forma un hombre normal? No necesariamente, pero el acusado es un enfermo psíquico que sufre alucinaciones emotivas. Los temblores, la fiebre, las pesadillas, son síntomas de la tensión nerviosa que padece con motivo del horror vivido en su tierra natal. Por ello, concluyo que nos enfrentamos a un caso patológico denominado *el ideal supremo,* en donde una idea obsesiva, en este caso la aparición de su madre, lo insta a una acción que considera desagradable. «No soy un asesino, pero lo dijo mi madre y debo hacerlo», fueron sus palabras. Y en verdad no es un asesino, sino que actuó bajo la presión del ideal supremo. Por eso, recomiendo al jurado que se aplique el artículo

51.º del Código Penal que considera que el libre albedrío se encontraba totalmente ausente.

Los miembros de la comunidad armenia presentes en el juicio para apoyar a Soghomón Tehlirian aplaudieron el testimonio de Vorster. El defensor von Gordon preguntó al especialista:

—¿Es posible que tenga futuras crisis alucinatorias?

—¿No lo creo —respondió—, porque el ideal supremo se ha diluido al cumplirse su objetivo, así que no es probable que vuelva a aparecer.

A continuación hizo uso de la palabra el doctor Haage, quien atendió a Soghomón durante algunas de sus crisis. Dio un breve discurso que culminó con la siguiente expresión:

—¿El libre albedrío se encontraba totalmente ausente al momento de cometerse el crimen? Yo respondo afirmativamente.

Nuevamente un aplauso irrumpió el salón. El presidente llamó a las partes a renunciar a presentar más evidencia, lo que fue acordado. Siendo ya horas de la tarde, la sesión se levantó hasta el día siguiente.

X

Las lecciones habían sido interrumpidas. Soghomón informó a la profesora Beilnsohn que las retomaría cuando mejorara su salud. Ella le deseó suerte y le prometió que estaría disponible cuando decidiera volver a sus clases.

Las noches eran espantosas. A la fiebre que comenzaba a poco de dormirse, le seguían horribles pesadillas en donde rememoraba la masacre de su familia, y su madre aparecía una y otra vez para recriminarle su indiferencia ante el asesino que vivía en la casa de enfrente. Allí despertaba con sudor y temblores. Por momentos sentía que se quedaba sin aire y debía relajarse para poder respirar correctamente. Muchas veces pensó en despertar a la señora Tiedman para pedirle ayuda, pero desistió ante la idea de que ella no sabría qué hacer y porque el idioma sería un inconveniente a la hora de hacerse entender.

Durante el día, pasaba horas sentado en el escritorio, junto a la ventana, mirando la casa de enfrente, tratando de investigar los movimientos de Talat Pashá. Pero por lo general, las ventanas permanecían cerradas y, en el tiempo que llevaba vigilando, no había podido observar ni una sola vez al infame ministro turco.

El 14 de marzo decidió desistir de la vigilancia. Se dijo a si mismo que esa noche trataría de dormir y que al día siguiente retornaría tranquilamente sus lecciones. Pensó que la forma de honrar a su familia sería estudiando para contribuir al progreso de su pueblo, en lugar de dar muerte a un hombre.

Con la esperanza de que los ataques cesaran y las recriminaciones de su madre desaparecieran, se fue a dormir. Pero esa noche sería como las anteriores, y a la mañana siguiente, una visión en la ventana le haría olvidar la decisión tomada.

XI

La mañana del 3 de junio de 1921, el presidente Lemberg declaró abierta la Audiencia.

—El día de hoy hemos de cerrar el proceso iniciado ayer —dijo—. Están presentes todas las personas imprescindibles para arribar al fallo, por lo que daré lectura a las preguntas que he preparado. En primer lugar ¿Es culpable el acusado Soghomón Tehlirian de haber matado a Talat Pashá el 15 de marzo de 1921 en Charlotemburg? Esta pregunta se refiere a un homicidio sin premeditación. En caso de responderla afirmativamente, deberá el jurado resolver acerca de la segunda: ¿el acusado cometió homicidio con premeditación? Si la primera se respondió positiva y la segunda negativamente, se deberá responder a la tercera: ¿existen atenuantes? A continuación se dará la palabra a las partes.

Soghomón se encontraba sentado con el traductor sobre el lado izquierdo y los abogados defensores a la derecha. El traductor trataba de no dejar ninguna palabra sin doblar para el acusado. Sin embargo, este no se mostraba interesado por los detalles del caso. Su mente estaba en paz. Nadie podía arrebatarle el convencimiento de haber actuado correctamente ante el responsable de la masacre de su pueblo. Lo que pudiera pasarle ahora, incluso entregar su cabeza al verdugo, no le importaba.

—Señores del jurado —comenzó su alegato el fiscal Kolnik—, no es el aspecto jurídico de este hecho lo que le da a este caso su tono particular, sino las miradas del mundo que se concentran en esta sala. Independiente de los motivos psicológicos que haya esgrimido la defensa, aquí se ha acabado con la vida de un hijo del pueblo, que como tal condujo los destinos de su patria siendo un fiel aliado del pueblo y la nación alemana.

Algunos presentes en la sala comenzaron a repudiar con silbidos y gritos el comienzo de la declaración del fiscal. Este no se inmuto ni pidió silencio a la audiencia.

—El señor Tehlirian —continuó el fiscal cuando algunas personas seguían haciendo notar su desagrado— asesinó a una persona con premeditación y nos hizo notar en este mismo juicio que se sentía orgulloso de su acto. No es necesario recordar que matar a un hombre es condenable por la ley alemana, aunque sea este un extranjero. Su justificación de que ambos eran extranjeros carece de fundamento jurídico. Soghomón Tehlirian actuó movido por el odio y el fanatismo político de muchos armenios que creen que Talat Pashá fue el asesino de sus familias. Pero mucha gente que he consultado, entre ellos el general Liman von Sanders que declaró el día de ayer, están convencidos de que el Gobierno de Constantinopla no sabía nada de las consecuencias de las deportaciones, producto de la mala interpretación de las órdenes por parte de los gendarmes.

El presidente pidió al fiscal que no se extendiera sobre esos temas que ya habían sido debidamente discutidos. Por ello decidió terminar su alegato señalando:

—Que al acusado actuó con premeditación se desliga de su propio testimonio. Además, basta mirarlo —dijo señalándolo— para ver que no es un hombre exaltado o extrovertido, sino introvertido, tranquilo y triste. Por ende, solo puede cometer un homicidio tras una larga planificación, que acaso comenzó muchos años atrás en su hogar del Medio Oriente. Sus alucinaciones no son suficientes para demostrar que no actuaba bajo libre albedrío y aplicar el artículo 51.º. Señores del jurado: el saber que la sentencia por homicidio planificado es la pena de muerte no debe hacerlos recular a la hora de dar el veredicto. Nuestra Carta Fundamental fija la instancia del indulto presidencial para un acusado. Pero el declararlo culpable es un favor que podemos hacer por ese gran patriota y amigo del pueblo alemán que fue Talat Pashá.

El presidente pidió al traductor que informara al acusado que el fiscal había solicitado la pena máxima, pero abriendo la posibilidad de un indulto presidencial. Esto no lo inmutó.

El siguiente alegato fue del defensor von Gordon:

—Veo que el fiscal Kolnik también actuó como un defensor —dijo—, pero de Talat Pashá, a quién llamó amigo del pueblo y la nación alemana. Esto debe ser motivo de repudio permanente, ya que la República de Weimar, instalada luego de nuestra reciente revolución, no honra los pactos realizados por el Gobierno imperial del káiser Wilhem con regímenes despóticos y tiránicos. Tenemos suficiente evidencia para probar la responsabilidad del Gobierno de los Jóvenes Turcos en la masacre armenia: deportaciones, violaciones, torturas y asesinatos. Nada se escapaba del ojo de los jerarcas de Constantinopla. Respecto al acusado, debo decir que no fue el fanatismo y el odio, como señala el fiscal Kolnik, lo que lo trajo a Alemania, sino el afán de continuar sus estudios para ayudar a su pueblo. Recordemos que fue un alumno brillante en el colegio. Apelian y otros testigos declaran que era un hombre triste, pero que no lo movía el odio. Fue la aparición de su madre y aquella visión en la ventana lo que lo llevó a actuar esa mañana. El poseer un arma no es signo de que fuera un terrorista, sino del temor que sentía porque volvieran las masacres. Recordemos que la compró en Tiflis cuando la guerra y las deportaciones aún no habían terminado.

Continuó dando detalles de su enfermedad, y destacó que el hecho de haber dejado caer el arma no significaba deshacerse de la evidencia sino dar por concluido el deber que tenía con su pueblo. Recordó como el doctor Vorster declaró que ya no era un peligro por haberse diluido el ideal supremo.

—Señores el jurado —concluyó—, sería lamentable que un tribunal alemán se uniese a las voces que piden seguir condenando a este joven que ya pasó las más terribles pruebas. Que este concepto quede grabado profundamente en sus corazones, a fin de que puedan actuar de acuerdo a su conciencia.

El defensor Wertauer, tras una introducción, señaló los motivos por los que no deberían condenarse al joven Soghomón Tehlirian:

—En primer lugar —comenzó Wertauer—, deben tenerse en cuenta los testimonios de los partes médicos, ya que dos de ellos destacaron que su desequilibrio psíquico nos puede llevar a conjeturar que el libre albedrio no estaba presente en el momento del homicidio. Además, el joven había padecido tifus en su juventud, con las consecuencias que eso provoca en la conciencia, y que el día del hecho había bebido *cognac* para aliviar su dolencia estomacal, cuando no estaba acostumbrado a la bebida. En segundo lugar, hay que tener en cuenta que, desde marzo de 1921, las Repúblicas de Turquía y Armenia, surgidas del desmembramiento del Imperio otomano, se hallan en guerra, por lo que ambos deben ser vistos como contendientes enemigos de un conflicto armado. A la frase «Yo soy extranjero y el también», debería haber agregado «Estamos en guerra, esto no incumbe a Alemania». En tercero, es necesario recordar que Talat Pashá había sido previamente condenado a muerte por un tribunal militar. No soy partidario de los tribunales especiales ni de la pena capital, pero hay que reconocer que el proceso fue prolijo, presentándose toda la evidencia y no dando lugar a dudas en torno a su culpabilidad en las masacres armenias. El acusado no hizo más que cumplir la sentencia que su víctima estaba evadiendo. Por último, debo decir que actuó en actitud defensiva. Sabemos de la alianza entre los Jóvenes Turcos y los bolcheviques. Si Talat Pashá huía a Rusia como hizo Enver, se unirían a las fuerzas que hostigan la República Democrática de Armenia. Con su disparo, Soghomón Tehlirian salvó la vida de mujeres, hombres y niños que hubieran caído bajo las garras del verdugo.

El impecable testimonio del defensor provocó el aplauso de los miembros de la colectividad armenia. El presidente pidió que le tradujeran al acusado que el defensor solicitó su absolución, a lo que respondió con un gesto de agradecimiento.

—Antes de pasar a la votación del jurado —dijo el presidente Lemberg—, escucharemos un último alegato del profesor Niemeyer de la Universidad de Kiel.

La exposición de Niemeyer estuvo centrada en enmarcar las masacres de 1915, en un contexto histórico que comenzó en 1878, cuando el Congreso de Berlín decretó la partición de Armenia dejando a los pobladores de la parte occidental como súbditos del Imperio otomano. En base a esto, señaló que el Tribunal Alemán tiene una responsabilidad moral para compensar de alguna forma a quién fue una víctima de estas políticas coloniales.

—Para finalizar, repetiré un concepto del defensor con Gordon —expresó Niemeyer—. Ustedes no pueden condenar a Tehlirian. Él actuó como debía actuar e hizo lo que debía hacer. Quizá consideren que el impulso que lo guiaba era más diabólico que moral, pero deben poder enmarcarlo en la correlación de hechos que se sucedieron. Deben pensar el resultado que dará el veredicto —dijo mirando a los miembros del jurado—, no desde el punto de vista político actual, sino el resultado que arrojará en cuanto a la suprema justicia y en cuanto a los valores que vivimos que hacen que la vida sea digna de ser vivida.

Las réplicas posteriores del fiscal no estuvieron a la altura de los argumentos de los defensores.

—Les ruego que se aboquen a su misión —les dijo el presidente al jurado cuando terminaron los alegatos—, y contesten las preguntas que formulamos al comienzo. Para declararlo culpable se requieren dos tercios del jurado. Tienen una hora para deliberar.

El jurado se retiró y la sala comenzó a desocuparse.

XII

Soghomón Tehlirian no caminaba solo esa mañana por la calle Charlotemberg. Lo acompañaban un millón y medio de compatriotas víctimas de deportaciones, torturas, violaciones, mutilaciones, ahogamientos, las quemas de vivienda o las asfixias con humo en pozos y cavernas. Cuando levantó la pistola apuntando a la cabeza de Talat Pashá, se le vinieron nuevamente las brutales escenas de la masacre de su familia. Vio a su hermana, apenas una niña, violada y torturada por gendarmes turcos. Vio a su madre y su padre caer fusilados. Vio, nuevamente, como un hacha partía la cabeza de sus hermanos. Y sintió ese olor penetrante y pestilente de la muerte que lo acompañaría por el resto de su vida.

Quiso gritarle al asesino para que se girara y viera con sus propios ojos cómo una de sus víctimas hacía justicia. Pero no se merecía la dignidad de morir de frente.

La bala le atravesó el cuello destrozando las arterias, la carne, los nervios. La sangre, derramada a borbotones, salpicaba su ropa y el suelo en donde se desplomó ese cuerpo infame sin vida.

Ahora sus víctimas tendrían algo de paz.

XIII

Otto Reincke, presidente del jurado, leyó el veredicto:

—Declaro con honor y justicia la resolución de los jurados. ¿Es culpable Soghomón Tehlirian por haber matado a Talat Pashá de forma premeditada en la calle Charlotemburg en 15 de marzo de 1921? —Un silencio conmovió la sala—. ¡No! —expresó enérgicamente.

Un aplauso resonó en el tribunal. Los miembros de la comunidad armenia se abrazaban entre sí y otras personas adherentes a la causa los felicitaban y se unían a la celebración. Soghomón se abrazó con sus defensores y con el traductor.

El fiscal Kolnik se retiró de la sala en medio de los insultos de quienes lo acusaban de simpatizar con el régimen asesino turco.

El presidente pidió silencio para dar por finalizada la audiencia.

—Firmo la resolución y ordeno la libertad del acusado por cuenta y cargo del Tesoro del Estado de acuerdo a lo resuelto por el jurado. Se deja sin efecto inmediatamente la orden de detención. Se levanta la sesión.

Una hora después del fallo, Soghomón Tehlirian bajaba los escalones del Tribunal de Berlín como un hombre libre. Iervant Apelian, Kevork Kalusdian, Crisdine Terzibashian y otras personas de la colectividad armenia lo esperaban como a un héroe. Los abrazó y, por primera vez, lloró.

Lloró por su familia asesinada, lloró por la deportación de su pueblo, lloró por tanta muerte injusta e impune ante los ojos de un mundo que miraba para otro lado. Y lloró también de alegría porque sentía que comenzaba a recuperar algo de lo perdido.

«Yo no tengo patria», le había dicho a la profesora Beilnsohn. Ahora la tenía.

Cipolletti, 29 y 30 de enero de 2014

Aclaración:

El presente relato, aunque inspirado en hechos verídicos, constituyen una versión ficticia de los mismos, por lo que no debe tomarse como un texto histórico. Sobre el juicio a Soghomón Tehlirian se puede consultar:

Varios Autores (2012): *Un proceso histórico: absolución del ejecutor del genocida turco Talaat Pashá.* EDIAR, Consejo Nacional Armenio de Sudamérica, Buenos Aires, 242 pp.

Agradecimiento:

A Julieta Ojunian, por proveerme de información para la realización de este relato.

Autores

Arthur Ghukasian

(Hrazdan, Armenia, 1969). Licenciado en Periodismo y en Literatura y Filología rusa. Se ha dedicado en mundo del periodismo desde sus 15 años, colaborando con el periódico ruso *Komsomolets* que se editaba en Armenia. A los 16 años gano el primer premio del concurso de los trabajos creativos. En 1988, cuando empezó el movimiento por la liberación de Nagkorno Karabakh (Artsakh), voluntariamente se trasladó allí, trabajando hasta 1990 como profesor de ruso en Khachen y colaboró con el periódico *Karmir drosh* (posteriormente *Khachen de Askeran,* Nagorno Karabakh). En 1990 empezó trabajar en Canal TV de la ciudad Hrazdan de Armenia. En 1992, cuando empezó la guerra en Nagorno Karabakh, volvió a la zona del conflicto como militante de la unidad Alashkert. A finales de 1992 fue corresponsal del periódico armenio *Nor ashkharh* (Atenas) en el norte de Grecia, colaborando al mismo tiempo con los periódicos de la diáspora armenia. Desde 2007 ha sido corresponsal del Canal Público de Armenia en España. Es también corresponsal de la revista

Orer, de los armenios de Europa, que se edita en Praga. En 2009, llegó a un acuerdo con la redacción de *VegaMedia Press,* iniciando en este medio la sección Armenia Press, del que es coordinador.

Es miembro de la Unión de los Veteranos de la guerra de Nagorno Karabakh, socio de la Unión de los Periodistas de Valencia y de la FAPE (Federación de las Asociaciones de los Periodistas de España).

Reconocimientos: diploma de la Organización del Komsomol de la región de Hrazdan (1987, Armenia) por sus actividades públicas; premio de *VegaMedia Press* en la nominación «Mejor periodista extranjero» (2010, España); medalla por la defensa de la Patria; medalla 20 años de las Fuerzas Armadas de la República Armenia; medalla y agradecimiento de la Unión de las Madres y los parientes de los luchadores caídos de la República de Nagorno Karabakh; diploma de la Unión de los Veteranos de la guerra de Karabakh; diploma del Ministerio de la Defensa de la República Armenia; premio, diploma y agradecimiento del Ministerio de la Diáspora de la República Armenia.

Por la idea de la reunión de las voces de los intelectuales de España y de los países sobre el centenario del Genocidio armenio de habla hispana, que ha sido el motivo para la publicación del libro *Cien años del Genocidio armenio: un siglo de silencio,* en 2015 fue galardonado con el primer premio del Ministerio de la Diáspora de la República Armenia.

AÍDA ACOSTA

(Cáceres, España, 1976). Diplomada en Magisterio por la Universidad de Salamanca y máster de Promoción de la Lectura y Literatura Infantil y Juvenil por la Universidad de Castilla la Mancha (Centro de Estudios de Promoción de la Lectura y Literatura Infantil).

Ha publicado en variadas revistas literarias, así como varias colaboraciones para el libro del Carnaval de Ciudad Rodrigo. Está incluida en diversas antologías como *Paisajes del infierno* de la Colección Gárgola-Atril (Salamanca, 2001); *La luminosa voz de la poesía,* en la editorial I. E. S. Fray Luis de León (Salamanca, 2004); *Soledades,* de Cristina García-Camino, Amarú Ediciones (Salamanca, 2006); *Vísperas poéticas-Día de las Letras Salmantinas 2009,* de la Fundación Salamanca Ciudad de Cultura; *Antología 50 Poetas Contemporáneos de Castilla y León,* de la editorial Hontanar (2011); *Um Extenso Continente-Antología de homenagem a António Salvado,* RVJ Editores (Castelo Branco-Portugal); *Antología Conmemoración del V centenario del nacimiento de Santa Teresa de Jesús,* de El Cielo de Salamanca (2015); *V Encuentro de escritores por Ciudad Juárez,* Fundación Salamanca Ciudad de Cultura, 2015. Ha creado y coordinado del proyecto Poetas al tren (2004) y también ha coordinado Grito de Mujer 2016, en Ciudad Rodrigo.

Además es autora de los poemarios *Sílabas de luz, Sudor de un paisaje, Amor sin levadura* y *Sólo Viento;* por éste último recibió la Beca de Creación Literaria de Extremadura en 2010. Y es autora también del blog *Lluvia de Libélulas* donde comparte sus poemas.

José Luis Álvarez Vélez

(Vitoria, España, 1949). Artista vasco multidisciplinar, comienza a pintar a una edad muy temprana, destacando con enorme precocidad en el ambiente artístico local. En 1965 ingresa en la Escuela de Artes y Oficios de Vitoria: estudia adorno y figura con Mariano Basterra y escultura, en cursos posteriores, con Víctor Aramburu y Aurelio Rivas. También asistió a clases de modelo vivo y estudia en la escuela de aprendices de la DKW cursando perspectiva, donde participa en el Club Imosa hasta que, en 1966, la Fundación Amárica le concede una beca.

Antes de cumplir los veinte años, Álvarez Vélez dispone de un curtido bagaje profesional y realiza varias muestras individuales en Vitoria, Bilbao y San Sebastián. En 1972 obtiene el Gran Premio de Pintura Vasca y, un año más tarde, es becado por Arte Castellblanc para viajar a Roma. En 1978, una nueva beca, ésta otorgada por la Fundación Juan March, le permite realizar estudios sobre escultura y cristal en la isla de Murano (Venecia). En 1980 emprende un curso de cerámica en Sargadelos (Lugo). Asimismo, se ha sentido atraído por los esmaltes, la restauración y por el mundo de la joyería, donde obtiene el primer premio en la especialidad en planta. Ha ejercido la docencia artística en Amurrio.

Actualmente, el artista desempeña sus labores de creación e investigación artística, aportando una visión personal y propia en cada nueva obra, así como la publicación de dos libros de poesía.

NÚRIA AÑÓ

(Lleida, España, 1973). Novelista catalana y traductora, además de ponente en coloquios y congresos internacionales. Muchos de sus relatos, artículos y ensayos han sido publicados en antologías como *Dones i literatura a Lleida* (1997); *VIII Concurs de Narrativa Literària Mercè Rodoreda* (1997); *Estrenes* (2005); *Dossier sobre la vejez en Europa* (2006); *Escata de drac,* n.º 8 (2012); *Des lettres et des femmes... La femme face aux défis de l'histoire* (2013); *Fábula,* n.º 35 (2013); *Grief, When Women Waken,* Issue 3 (2014); *Resonancias,* n.º 127 (2014) y en *Les romancières sentimentales: nouvelles approches, nouvelles perspectives,* L'ull crític 17-18 (2014).

Galardonada con el XVIII Premio Joan Fuster de Narrativa. Su primera novela *Els nens de l'Elisa* (Omicron, 2006) queda tercera finalista en el XXIV Premio de las Letras Catalanas Ramon Llull. Siguen las novelas *L'escriptora morta* (Omicron, 2008), *Núvols baixos* (Omicron, 2009) y *La mirada del fill* (Abadia, 2012).

Su relato en catalán «2066. Empieza la etapa de corrección» es publicado en la revista europea *Café Babel* y traducido al español, inglés, francés, alemán, italiano y polaco. Otro relato contra la violencia de género, «Presagio», es publicado en inglés en la revista literaria americana *When Women Waken.*

En 2016 gana una beca para escritores en Finlandia de la Asociación Cultural Nuoren Voiman Liitto. El mismo año es galardonada con la prestigiosa beca internacional Shanghai Writing Program, otorgada por la Asociación de Escritores de Shanghái.

Víctor Hugo Arévalo Jordán

(Cochabamba, Bolivia, 1946). Master en Ciencias, Gestión de la Información, es diplomado en Archivología por la Universidad Nacional de Córdoba (Argentina). Dictó cátedras de Paleografía en facultades de Historia y de Archivología en Santa Fe, Paraná y Concepción del Uruguay. Es jefe de carrera de la Sección Archivística del Instituto Superior n.º 12, en Santa Fe (Argentina). Profesor consultor de la Universidad FASTA (Fraternidad de Agrupaciones Santo Tomás de Aquino) en la ciudad de Mar del Plata (Argentina).

En 1985 crea las carreras de Archivología de Santa Fe y en 1986 de Paraná (Entre Ríos, Argentina), funda sus respectivas asociaciones y finalmente crea la Federación de Archiveros de Argentina, de la cual es presidente.

En La Paz (Bolivia) es galardonado con los premios nacionales de literatura «Franz Tamayo» en 1968 con la obra teatral *La puerta negra.* Y en 1976, el Premio Edición de Poesía X Concurso Anual de Literatura «Franz Tamayo» con la obra *La última sinfonía del mago.*

Entre sus ensayos editados tenemos: *El acto proyectual,* e-libronet, junio del 2002; *Apuntes para la introducción a la metodología gnoseológica de la historia,* primera edición digital y en papel, e-libronet, octubre del 2002. Además, tiene editados varios libros de su especialidad (información de los archivos) y obras literarias de poesía y teatro.

FREDDY D. ASTORGA

(Santiago, Chile, 1974). Máster en Dirección Comercial y Marketing Universidad Francisco de Vitoria; licenciado en Diseño en Comunicación Visual. Es CEO de la agencia de Marketing y Publicidad Brandcom Chile.

Escritor desde el año 2007, contando con más de cien cuentos y microrrelatos en diversos géneros, destacando principalmente los de suspense y ciencia ficción.

Ha publicado dos libros de cuentos: *Metrópolis VII* (2008) y *Visiones de Medianoche* (2013). Próximamente publicará su primera novela: *Borealis*.

Edgardo Daniel Barreda Valenzuela

(Ciudad de Guatemala, Guatemala, 1947). Exprofesor de la Facultad de Derecho de la Universidad Rafael Landívar; doctor en Letras y Filosofía, licenciado en Ciencias Jurídicas y Sociales, abogado y notario de la Universidad mencionada y autor de varios libros de derecho.

Dentro de su profesión, ejerció por muchos años en su bufete de abogacía y notariado. Exmagistrado de la Corte Suprema de Justicia de Guatemala (1999-2004), expresidente de la Cámara Civil, autor del proyecto del Acuerdo 7-2001, Normas Éticas del Organismo Judicial, coordinador de la Comisión de Combate a la Corrupción del Sector Justicia y coordinador de los Programas de Ética de la Corte, fue también director la publicación de la Corte *Ventana al OJ*.

Como poeta, su obra ha sido publicada en las páginas web *Poetas del Mundo* y *Resonancias*.

Es autor de *Poemas Sin Nombre y otros Versos, Variaciones sobre Atitlán* y *Amor Compartido,* y varios poemas inéditos que el mismo autor escogió para su publicación en *Mundo de contradicciones selección de poemas (1968-2007)*. Participó en recitales en el Teatro de Arte Universitario; Instituto Guatemalteco Americano, (Homenaje al poeta César Brañas) y en algunas Facultades de la Universidad de San Carlos de Guatemala y en actividades culturales en torno a la poesía. Colaborador en diferentes medios de comunicación social.

DORA ISABEL BERDUGO IRIARTE

(Cartagena de Indias, Colombia, 1970). Abogada, especialista en Comunicación para el Desarrollo de la Universidad Jorge Tadeo Lozano JTL, master oficial en Intervención Social de la Universidad Internacional de la Rioja UNIR; es funcionaria de la Universidad de Cartagena y secretaria general de la Fundación Nuevo Amanecer Afro y del Festival de Poesía Negra y Cantos Ancestrales de Cartagena.

Cultiva el género de la poesía, en el que destaca por haber recibido varios premios 1995, donde obtuvo el segundo premio compartido en el Concurso Nacional de Poesía Jorge Artel con su libro *Mutaciones*. En el 2008 ganó el Premio Nacional de Poesía sin edición Ediciones Embalaje, del Museo Rayo, con su libro *Por el agujero que se filtran las vivencias*.

En los años 2013, 2014 y 2015, obtuvo el octavo, décimo y séptimo Premio Internacional de Poesía del Mercosur Puente de Palabras. Próximamente publicará en una edición colombo-mexicana, entre el fondo mixto distrital para la promoción de las artes y la cultura de Cartagena y la editorial Bokeend de México, de su libro *Por el agujero que se filtran las vivencias.*

Rony Bolivar

(Caracas, Venezuela 1986). Abogado egresado de la Universidad José María Vargas (2009). En 2012 realiza su primer viaje a Estados Unidos a la ciudad de Nueva York para convertirse en autodidacta de las artes plásticas; posteriormente, en el 2013, realiza su segundo viaje a dicha ciudad para participar en una exhibición colectiva titulada *The Story Of The Creative;* allí muestra algunos de sus trabajos en acuarela y acrílico. Rony es el creador de un movimiento artístico titulado *Fluidalismo* y a través de él, promueve la renovación del arte moderno.

En 2014, realiza estudios para ejercer funciones docentes, dirigido a estudiantes de arte. Su primera exhibición individual como artista emergente titulada *Fluidalismo* la realiza en la ciudad de Caracas en 2015.

Rony continúa hoy día, a sus treinta años, revolucionando el arte desde Caracas (Venezuela).

Enrique Bustamante

(Piura, Perú, 1942). Su encuentro con la literatura (cuento, novela y poesía) es una expresión que, como lenguaje, quiere llegar a otros. Fue crítico de arte del diario *La Estrella de Panamá* (Panamá, 1971-1973). Historiador de temas de arte, colaboró en el *Diario Oficial El Peruano* (Lima, 1991-1995).

Pertenece a la Asociación Poetas del Mundo (UNIVA) donde en 2010, su poema «Escenario Vivo» fue seleccionado entre los cien poetas del mundo para la edición del segundo libro de ecopoesía. En agosto de 2013, su cuento «El reloj sin tiempo» fue seleccionado en Buenos Aires (Argentina) para la publicación de una antología internacional. En setiembre de este mismo año, obtuvo el primer premio por su poesía «Mujer Hablante» en los Juegos Florales de Invierno de Ediciones Mis Escritos, en Buenos Aires, en la categoría de residentes fuera de Argentina. Su libro *Meditaciones de madrugada,* fue publicado por Windmills Editions (California-EE. UU.). *Vuelos y rondas de luz,* su primer poemario, ha sido presentado en diferentes instituciones culturales de Lima y Trujillo. En setiembre de 2016 presentará su poemario *El amor y mil palabras,* en la Casa de la Literatura Peruana de Lima.

José Caraballo

(Ponce, Puerto Rico). Poeta, escritor y compositor musical puertorriqueño, cursó estudios en la Universidad de las Antillas, en Mayagüez (Puerto Rico). Actualmente reside en San Antonio, Texas. Autor de *Historia de Amor,* Trafford (Canadá, 2005), sus poemas han sido publicados en español e inglés en numerosas revistas, como son: *Revista Voces y Susurros,* (Venezuela, 2006), *Revista Voces España, Ser Poeta* (2006), *Poemas y Poemas, Mundopoesia* (España), *Portal Poesía Versoados, Hispanic Writers Association, El Asere, Todo Charrua, La Urraca Magazine, Thought Hombre Magazine* (90 RRC Official Magazine), *Poetry.com, Centropoetico.com,* Editorial Nuevo Ser, *Poesia Indian Bay Press* (2007), *Revista Paradoja* (España, 2007), *Revista Voices de la Luna* y otras.

Es miembro de la Unión de Colaboradores de Prensa (en acción), de la Hispanic and Latino Writers Association of San Antonio (Texas), de la Red Mundial de Escritores en Español (REMES) y de la Asociación Mundial de Poetas.

AMADO CARBONELL SANTOS

(Palma de Mallorca, Islas Baleares, 1980). Colaborador radiofónico en diversas emisoras de radio mallorquinas, es un estudioso de la historia bélica de la primera mitad del siglo XX, en especial de la segunda guerra mundial.

Nacido en el núcleo de una familia humilde, al no poder costearse los estudios universitarios, apostó por el ámbito laboral y estudiar para formarse profesionalmente en una academia pública, sin dejar de lado su pasión por la astronomía y la historia bélica, creando su actual colección particular sobre la segunda guerra mundial.

Actualmente colabora con tres programas de radio, dos de ellos mallorquines, y con diversas páginas en internet, aportando artículos y escritos sobre sucesos, armamento, historias menos conocidas, descubrimientos, personajes históricos, e incluso sobre diversos emplazamientos relacionados con la guerra civil española y las dos grandes guerras.

Francisco Domene

(Caniles, Granada, España, 1960). Poeta y narrador. Licenciado en Filosofía y Letras, especializado en Arqueología e Historia Antigua por la Universidad de Granada, ha coordinado programas para la reducción del absentismo escolar gitano en Andalucía.

Ha publicado los libros de poesía *Libro de las horas, Propósito de enmienda, Insistencia en las Horas, Falso Testimonio, Arrabalías* y *El cristal de las doce;* las novelas *La última aventura, Ana y el misterio de la Tierra de Mu, El asunto Poseidón* y *Araña en la barriga,* así como los libros de relatos *El detector de inocentes, Cuentos y leyendas de los dioses griegos, Ninfas, faunos, unicornios y otros mitos clásicos* y *Relatos de la Biblia.*

Ha sido galardonado con los premios Ciudad de Irún, Antonio Machado, Artes y Letras de la Diputación de Almería, Antonio Oliver Belmás, Blas de Otero, Memorial Laureà Mela y Ciudad de Burgos.

SANTOS DOMÍNGUEZ RAMOS

(Cáceres, España, 1955). Poeta español cuya obra ha sido galardonada con los más prestigiosos premios nacionales e internacionales, traducida a varias lenguas e incluida en la selección *25 poètes d'Espagne,* publicada en Francia en 2008.

Su obra más reciente, *El viento sobre el agua,* ha sido reconocida con la obtención por unanimidad del XXXVI Premio Hispanoamericano de Poesía Juan Ramón Jiménez, uno de los más importantes que se conceden en el ámbito de la lengua española.

Antologada en diversos volúmenes como *Plaza de la palabra, Las alas del poema* o *La vida navegable,* su obra poética ha sido valorada como «una de las voces más importantes y más auténticas de su generación, en quien se combinan perfectamente los dos principales ingredientes poéticos: la exactitud y el misterio» (Félix Grande).

La crítica especializada le considera uno de los principales poetas en español de la actualidad.

Julio Fernández Peláez

(Zamora, España, 1963). Titulado en Dramaturgia y máster en Artes Escénicas, dirige la compañía Anómico Teatro y Ediciones Invasoras.

Como autor de teatro ha publicado una docena de títulos, entre ellos, *Ensayo sobre la lejanía, Preferiría no hacerlo, Cielo naranja* y *Los bólidos del olvido,* además de haber obtenido algunos premios como el Dulce por amargo, Teatro x la Justicia, Cuenca en escena o El espectáculo teatral. Además, es autor de diferentes ensayos y estudios críticos sobre el teatro contemporáneo. Cultiva, así mismo, la poesía experimental, el relato y la novela, con títulos como *Billetes transportan mensajes* o *Cuando las islas hablen.*

Toda su obra emana un fuerte sentido social, y constituye una reflexión sobre el mundo a través de la alegoría y la metáfora.

Miguel Alberto González González

(Manzanares, Caldas, Colombia, 1966). PhD en Ciencias de la educación y PhD en Conocimiento y Cultura en América Latina.

Docente e investigador universitario, filósofo y literato, ha escrito textos para revistas nacionales e internacionales y ha participado con ponencias en eventos académicos de Argentina, Costa Rica, México, España, Chile, Brasil, Francia, India, Dinamarca, Italia, Turquía y Colombia.

Sus últimos tres libros son: *Miedos y olvidos pedagógicos* (2014), *Tiempos intoxicados en sociedades agendadas. Sospechar un poco del tiempo educativo* (2015) y *Aprender a vivir juntos. Lenguajes para pensar diversidades e inclusiones* (2016).

G. H. GUARCH

(Barcelona, España, 1945). G. H. Guarch es medalla de oro al Mérito Cultural de la República Armenia 2002, diploma de honor de la Academia Armenia de Ciencias, miembro honorario de la Unión de Escritores Armenios, premio Garbis Papazian 2007 (AGBU) y medalla Movses Khorenatsi 2013, considerada la más alta distinción cultural de la República de Armenia. En 2015 fue nombrado doctor *honoris causa* por la Universidad Estatal de Erevan (República de Armenia) y en 2016 recibió la medalla de oro por sus libros sobre el Genocidio armenio.

Cuenta con una brillante trayectoria literaria, habiendo publicado: *Los espejismos,* primera novela sobre la inmigración ilegal a Europa; *Historia de tres mujeres,* ambientada en la guerra civil de Yugoslavia; *El jardín de arena,* sobre el integrismo islámico de Argelia; *Las puertas del paraíso,* que le valió el Premio Blasco Ibáñez (1997). En *El árbol armenio* y en *El testamento armenio* aborda el tema del genocidio de este pueblo. En *Shalom Sefarad* se acerca a la expulsión de los judíos de España mientras que *Tierra prometida* trata sobre la creación del Estado de Israel. *Una historia familiar* nos habla de la guerra civil española y la campaña de Mussolini en Abisinia le servirá de marco para *Tierra de dioses*. Otras novelas como *En el nombre de Dios, La montaña blanca, Ibn Zamrak, Historia de una ambición, La isla de los tiranos, Ibn Jaldún, La memoria de la historia, El legado kurdo* o *El viejo Agamenón,* revelan su prolífica carrera como novelista.

JOSÉ ANTONIO GURRIARÁN

(El Barco de Valdeorras, Orense, España, 1939). El 29 de diciembre de 1980, en uno de los lugares más céntricos y populares de Madrid, la plaza de España esquina a Gran Vía, una bomba de Goma-2 colocada en una cabina telefónica junto a las oficinas de Swiss Air dejó malherido al autor de este trabajo, el subdirector del diario *Pueblo* y escritor José Antonio Gurriarán, cuando se dirigía a un cine a ver una película de Woody Allen.

En un comunicado, el Ejército Secreto para la Liberación de Armenia reconoció la autoría del ataque contra las líneas aéreas porque Suiza había detenido a miembros del ASALA que, en este país, preparaban explosivos contra intereses turcos. Desde la unidad de cuidados intensivos de un hospital, Gurriarán se interesó por el tema armenio y por las razones últimas que movilizaban al ASALA.

Descubrió el genocidio de 1915, planificado por Turquía, localizó en Líbano a los responsables de sus lesiones y les habló sin rencor de la mayor fuerza del pacifismo; desde entonces, defiende la causa armenia en todos los foros y publicó dos libros sobre el tema; uno de ellos, *La Bomba,* inspiró a Robert Guediguian la película sobre el genocidio, *Une histoire de fou.*

Dick Lester Núñez

(Tegucigalpa, Honduras, 1980). Escritor y sacerdote, es profesor y licenciado en Ciencias Sociales, egresado de la Universidad Pedagógica Nacional de Honduras. Licenciado en Teología por el Instituto Superior de Estudios Eclesiásticos Monseñor Romero. Actualmente es párroco de la iglesia San José de la Sierra y rector del Seminario Mayor de San José y Santa María de la Sierra.

SANDRA BEATRIZ LUDEÑA-JIMÉNEZ

(Loja, Ecuador, 1970). Doctora en Contabilidad y Auditoría por la Universidad Nacional de Loja, con postgrado en Comunicación Social obtenido en la UTPL, es integrante de la Cátedra Unesco de Cultura y Educación para la Paz en la Universidad Técnica Particular de Loja, voluntaria en el Club Kiwanis Loja, integrante del Consejo de Participación Ciudadana y Control Social del Ecuador, y se desempeña como maestra de educación superior.

Cultiva el género del ensayo, en el que destaca por haber recibido el premio nacional año 2000 con la obra «Testimonio de una mujer indocumentada», la misma que fue publicada en el libro de historias reunidas por el concurso Mujer Imagen y Testimonio; colabora con varios medios de comunicación escrita a nivel local, nacional e internacional, mediante artículos de opinión.

Actualmente desarrolla trabajo de mentoría empresarial con emprendedores y organizaciones de mujeres en el Ecuador.

Rodrigo Llano Isaza

(Medellín, Colombia, 1948). Administrador de Empresas de la universidad EAFIT de Medellín, es miembro de número de la Academia Colombiana de Historia y correspondiente de las de España, Guatemala, Salvador, Venezuela y Brasil. Se desempeña como Veedor Nacional y Defensor del Afiliado del Partido Liberal Colombiano, afiliado a la Internacional Socialista.

Ha escrito los siguientes libros: *Los Draconianos, origen popular del Liberalismo colombiano, Las Sociedades Económicas de Amigos del País, Ricardo Gaitán Obeso mártir del Liberalismo, José María Carbonell biografía, Historia resumida del Partido Liberal Colombiano, El Liberalismo esencia del cambio en Colombia, Manual del Veedor Liberal y Poetas Liberales*.

Es también coautor de *El Liberalismo en la Historia, Código de Ética del Administrador de Empresas, La División Creadora* y editor del libro *Tertulia Poética del Club de Ejecutivos*.

Ara Malikian

(Beirut, Líbano, 1968). Nació en el seno de una familia armenia, iniciándose en el violín de la mano de su padre y dando su primer concierto a los 12 años. Un par de años más tarde, fue becado para estudiar en Alemania y después continuará su aprendizaje en Guildhall School of Music & Drama de Londres.

Su trabajo como violinista ha sido ampliamente reconocido en concursos de prestigio mundial, como los premios Felix Mendelssohn (Alemania), Pablo Sarasate (España), Niccolo Paganini (Italia) o el MAX de las artes escénicas, entre otros.

Ha tocado en las mejores salas de concierto del mundo en más de cuarenta países de los cinco continentes, creando un estilo propio que hunde sus raíces en la música tradicional armenia, árabe, judía, gitana, klezmer, así como en el tango y el flamenco, sin olvidar sus colaboraciones en conciertos de violín y orquesta, así como con músicos de jazz y de rock, lo que le ha valido el reconocimiento internacional como uno de los violinistas más brillantes y expresivos de su generación. Tiene más de más de cuarenta discos grabados y es el creador de La orquesta en el Tejado; así mismo, ha elaborado diversas bandas sonoras para películas y documentales, acercando su música a todos los públicos a través de espectáculos teatrales y la televisión, en los que combina a la perfección la música y el humor.

Su inquietud, tanto musical como humana, le ha permitido acercar la música a todo el mundo, en especial a los niños, siendo colaborador de la ONG Acción contra el Hambre.

Virginia Mendoza

(Valdepeñas, España, 1987). Licenciada en Periodismo y en Antropología Social y Cultural por la Universidad Miguel Hernández de Elche. Vivió en Armenia, donde ejerció como voluntaria en un centro de investigación intercultural de Ereván. Desde el Cáucaso escribió reportajes y crónicas para revistas como *Jot Down, FronteraD, El puercoespín* (Argentina), *M´Sur* y *Escalando* (Chile). Trabaja como periodista *freelance* y colabora habitualmente con *Yorokobu*. Escribe reportajes para *El Español,* reseña libros de viajes para Altaïr y reportajes con perspectiva de género para *Píkara Magazine.*

Uno de sus artículos sobre mujeres olvidadas publicado en *Yorokobu* fue finalista del Premio de Periodismo Combine de 2016.

Siempre aunando periodismo y antropología con las herramientas de la literatura, se ha ido especializando en periodismo narrativo. Durante el año y medio que pasó en Armenia, buscó y escribió las historias de pequeños héroes anónimos. Su blog *Cuaderno Armenio* fue el germen del libro *Heridas del viento. Crónicas armenias con manchas de jugo de granada,* libro que autoeditó en 2015, coincidiendo con el centenario del Genocidio armenio.

JUAN MERELO-BARBERA GABRIEL

(Toulouse, Francia, 1948). Licenciado en Derecho por la Universidad de Barcelona, ha sido miembro de la Junta de Gobierno del Colegio de Abogados de Barcelona, donde actualmente es presidente y fundador de la Comisión de Justicia penal Internacional y vocal de la Comisión de Memoria Histórica. Ha ejercido la abogacía en procesos de extradición ante la Audiencia Nacional por delitos internacionales ante los tribunales locales de Ruanda en 1998 y se encuentra habilitado por la Corte Penal Internacional para el ejercicio profesional en dicha jurisdicción. Ha sido profesor de Filosofía del Derecho en la Facultad de Derecho de la UB durante 15 años y consejero del Colegio de Abogados Penal Internacional.

En el pasado, recibió un premio del Ministerio de Cultura por su contribución al guion cinematográfico de una película de carácter criminológico producida durante la transición española y ha intervenido como experto en el Consejo de Europa para la redacción de normativa deontológica sobre las sanciones en régimen abierto.

Jean Meyer

(Niza, Francia, 1942). Franco-mexicano, doctor en historia por Paris-Nanterre (1971) y profesor emérito en el CIDE (México DF) y editor en *El Universal*. Durante veinte años dedicó sus investigaciones a la historia de México y América latina, luego de Rusia y la URSS y, últimamente, a las relaciones entre la Iglesia católica y el judaísmo, siendo el fundador del Instituto de Estudios mexicanos en la Universidad de Perpignan.

Fue nombrado doctor *honoris causa* por la Universidad de Nayarit y miembro de la Academia Mexicana de Historia y de la Académie des Sciences, Arts et Belles Lettres de Aix-en-Provence. Su libro *La Cristiada,* ha sido constantemente reeditado desde 1973. Próximamente publicará una nueva obra, *Estrella y Cruz: la Sinagoga y la Iglesia hacia la conciliación.*

MARCOS ANTONIO PAREJA SOSA

(Panamá, Panamá 1977). Profesor de Religión en educación media (Ministerio de Educación de Panamá) en el Instituto José Dolores Moscote. Profesor de Pensamiento Crítico y Ética de los Negocios en la Universidad Americana de Panamá, UAM.

Ha escrito más de cuarenta artículos y ensayos, en especial sobre religión, filosofía, ética, bioética y educación, tanto en Panamá como en el extranjero. También se han publicado varios artículos suyos en la prensa escrita panameña *(La Estrella de Panamá, La Prensa* y *El Panamá América)*. Además, participó en la tercera y cuarta Antología Poética Narrativa «Tinta, Palabra y Papel» de la editorial La Hora del Cuento, en Argentina, y en Diversidad Literaria de España.

Actualmente pertenece a la red de autores y articulistas de Panamá y a la Red Mundial de Escritores en Español (REMES).

Gonzalo Perera

(Rocha, Uruguay, 1966). Doctor en Matemática, profesor titular de la Facultad de Ingeniería de la Universidad de la Republica (Uruguay), donde actualmente ejerce el cargo de director del Centro Universitario Regional del Este.

Como investigador, ha publicado decenas de artículos en revistas de su especialidad y ha sido profesor visitante en universidades de Francia, España, Venezuela, Cuba, Argentina, Brasil, Chile, Canadá. También ejerce el periodismo de opinión en medios escritos y radiales. En Uruguay ha escrito en medios como *Brecha, Voces, La Republica, Miradas, Ecos Regionales* o *La Diaria*. Ha tenido columnas radiales en Emisora del Sur, Radio Nacional, Radio Uruguay, AM Libre y otras.

Ha escrito libros de divulgación científica y tecnológica, así como de temas políticos y sociales y tanto en medios escritos como radiales, ha difundido sistemáticamente la necesidad del reconocimiento del Genocidio armenio. En todos los edificios que pertenecen al Centro Universitario Regional del Este, por iniciativa suya, aprobada por unanimidad por el Consejo Regional, en abril del 2015 se colocó una placa recordatoria de la verdad histórica, de homenaje a las víctimas y a las generaciones de luchadores de la *armenidad*. Estas placas es lo primero que ven varios miles de estudiantes universitarios cada vez que entran a clase, cada día.

Luis Manuel Pérez Boitel

(Remedios, Cuba, 1969). Máster en Derecho Mercantil, labora como jurista de la Consultoría Jurídica de su ciudad natal. Escritor, miembro de la Unión Nacional de Escritores y Artistas de Cuba.

Ha publicado, en diversas editoriales cubanas y extranjeras, más de veinte poemarios, entre ellos: *Unidos por el agua* (1997), *Ciudades del inverno* (2005), *Un mundo para Nathalie* (2007), *Hay quien se despide en la arena* (2010), *Artefactos para dibujar una nereida* (2014). Ha sido el ganador de importantes premios literarios que lo han validado como una voz fundamental en el mapa poético de la isla en los últimos años. Colabora con publicaciones periódicas en varios países donde su obra ha sido traducida a otros idiomas.

JORGE RUBIANI

(Asunción, Paraguay, 1945). Arquitecto por la Universidad Nacional de Asunción, cronista de historia y consultor sobre asuntos urbanos y municipales, en especial, a los referidos al patrimonio cultural o histórico. Escribió 18 libros y varias monografías dedicados a estos temas, dando conferencias en ciudades de Europa, Estados Unidos, América Latina y en un gran número de ciudades del Paraguay.

Condujo los programas de radio *Asunción, su historia y su gente* y *Los libros muerden*. En la actualidad, hace radio con: *Buen día La Unión* e *Historia adentro*. Ha creado y dirigido un programa de TV, *Historias del Camino,* y asesoró en la realización de documentales y filmes sobre la historia nacional.

Fue consultor de las oficinas locales de la Unesco y Naciones Unidas; director del Fondo Nacional para la Cultura y las Artes (FONDEC) y presidente de la Junta Municipal de Asunción. En el plano ejecutivo, estuvo como director general en varias dependencias de la municipalidad, desde el año 1991 hasta el 2013.

Ostenta varios galardones, entre ellos, la condecoración Orden de Mayo, en el grado de comendador, otorgada por el Gobierno argentino y distinguido como Lucano Insigne 2013 por el Consiglio Regionale de la Basilicata (Italia).

MARIANO SARAVIA

(Mendoza, Argentina, 1967). Licenciado en Comunicación Social, magister en Relaciones Internacionales por la Universidad Nacional de Córdoba, Argentina. Profesor titular de Política Internacional en la Universidad Católica de Córdoba. Profesor invitado de la Universidad Wisconsin Green Bay y del Boston College. Ha dado conferencias en países de América, Europa y Asia. Periodista especializado en política internacional e historia. Trabaja en medios televisivos, radiales y gráficos de la Argentina y el exterior.

Tiene diez libros editados, entre ellos *El Grito Armenio, Genocidios Argentinos del siglo XX* y *Embanderados, la emancipación de Sudamérica y el porqué de sus banderas*. Algunos traducidos al inglés, francés, portugués, danés, alemán y vietnamita. Es militante activo por el reconocimiento del Genocidio armenio y por la lucha del pueblo guayanés por su independencia de Francia.

Yanira Soundy

(San Salvador, El Salvador, 1964). Licenciada en Ciencias Jurídicas por la Universidad José Matías Delgado, abogada y notario de la República, con diplomado en Derechos de Autor y conexos por la Universidad Eafit de Colombia (2008), es asesora en materia de derechos humanos de personas con discapacidad y derecho cultural. Es fundadora, presidenta y directora general de la Fundación Manos Mágicas, una organización que trabaja por los derechos de las personas sordas y sus familiares.

Escribe en los principales medios de comunicación escrita desde 1983, donde publica sus poesías, cuentos y artículos periodísticos y de opinión nacional. Cultiva también la novela y el ensayo. Posee once libros publicados y seis inéditos. Su obra ha sido editada en muchas antologías a nivel mundial y en formato digital. Ha recibido varios premios y reconocimientos, entre los cuales destacan el Premio Nacional UNICEF Prensa Escrita en 1992 y el Premio Santillana IPEC otorgado por la Fundación Santillana para Iberoamérica en 1998. Su trayectoria como escritora fue reconocida por el Centro Nacional de Registro de El Salvador en 2001 y por su trabajo a favor de las personas con discapacidad por la Asamblea Legislativa de El Salvador en 2003, entre muchos otros. Ha publicado su primer libro traducido a la lengua de señas para la niñez con discapacidad auditiva en El Salvador y con voz en *off* y textos escritos para la niñez con discapacidad visual, que también pueden ser disfrutados por todos los niños y las niñas del mundo.

GUSTAVO STERCZEK

(Buenos Aires, Argentina, 1984). Escritor e historiador, interesado principalmente en los grandes temas históricos del siglo XX y la difusión de los genocidios contra la humanidad. Argentino descendiente de polacos por parte paterna, la búsqueda de las raíces de su abuelo, excombatiente en la segunda guerra mundial, le ha llevado a interesarse por la eslavística en general y la cultura polaca en particular.

La difusión del Genocidio armenio, primer gran genocidio del siglo XX, lo ha llevado a escribir numerosos artículos en periódicos, revistas, además de algunos guiones y trabajos de próxima edición. Tras la aparición de *Hija del Cáucaso, un viaje hacia el dolor armenio,* en el año 2013, publicó en 2014 *Tierra Madre,* un trabajo sobre su abuelo y la generación de polacos que se alistó en la segunda guerra mundial para defender su suelo natal. Su último libro, *Holodomor, muerte en Ucrania,* trata sobre el Genocidio ucranio, la hambruna artificial más grande de la historia.

En *Hija del Cáucaso, un viaje hacia el dolor armenio,* el autor convoca «a todos los que tengan la dignidad suficiente para sumarse a la causa armenia y por el fin de cualquier actividad genocida en el mundo».

Luciano Andrés Valencia

(Santa Rosa, Argentina, 1984). Escritor. Sus cuentos, poemas y ensayos han obtenido premios en diferentes concursos literarios. Autor de *La Transformación Interrumpida* (2009) y *Páginas Socialistas* (2013), además de numerosas obras colectivas entre las que destacan *Poemas Vivos* (2005), *La narrativa folklórica como proceso social y cultural* (2006), *Historia de La Pampa* (2009 y 2014), *En la remota orilla del recuerdo* (2010), *Un Quijote en La Pampa* (2011), *Magia registrada* (2013), *Cuentos bajo el portal azul* (2014) y *Sucedió bajo la luna* (2016).

Publica textos en revistas y medios alternativos de Argentina y el extranjero sobre temas tales como los pueblos originarios, el Genocidio armenio, la trata de personas y las luchas populares.

FERNANDO JOSÉ VAQUERO OROQUIETA

(Pamplona, España, 1961). Licenciado en Derecho por la Universidad de Navarra y diplomado en estudios superiores de Criminología por la Universidad del País Vasco. Es funcionario de la Administración General del Estado desde hace treinta años en la capital navarra.

Autor del libro *La ruta del odio. 100 respuestas claves sobre el terrorismo* (SEPHA, Málaga, 2011) y coautor de *La tregua de ETA: mentiras, tópicos, esperanzas y propuestas* (Grafite Ediciones, Bilbao, 2006). Colabora en la revista de pensamiento *Razón Española*. Mantiene una columna denominada «Disidente por obligación» en el medio digital *La Tribuna del País Vasco*. En sus artículos reflexiona, especialmente, en torno a la naturaleza del nacionalismo vasco y de ETA, actualidad del catolicismo social español, la derecha política y social, diversas perspectivas del islam, el impacto humano de la denominada ideología de género, situación política e historia del Líbano y Armenia (países a los que ha viajado), y sobre el terrorismo en general. Ha participado como ponente en una treintena de mesas redondas y conferencias en Pamplona, Huesca, Zaragoza, Palencia, Alcalá de Henares, Valencia y Madrid. Es promotor de las cenas-tertulia Diálogos en Pamplona; una iniciativa cultural multidisciplinar y pluralista.

Máximo Vega

(Santiago de los Caballeros, República Dominicana, 1966). Escritor y gestor cultural, ha sido premiado en varios concursos de su país en los renglones de cuento, novela y ensayo, y ha sido antologizado nacional e internacionalmente. Ha publicado los libros: *Juguete de madera* (novela), *Ana y los demás* (novela), *La ciudad perdida* (cuentos), *El final del sueño* (cuentos), *El Libro de los Últimos Días* (ensayos), *Era lunes ayer* (cuentos reunidos), *El cuento contemporáneo de Santiago* (antología).

En el año 2000, el Taller Literario Virgilio Díaz Grullón, de la extensión de Santiago de la Universidad Autónoma de Santo Domingo (CURSA-UASD), lo reconoció como el Joven Intelectual del Año. Es fundador y presidente del Taller de Narradores de Santiago (TNS), ONG dedicada a la difusión de la literatura en su ciudad natal. Con un amplio trabajo comunitario, ha creado clubes de lectura, talleres sobre arte y literatura y cursos sobre escritura creativa en los barrios de Santiago.

GREGORIO VIGIL-ESCALERA

(Oviedo, España, 1950). Licenciado en Derecho por la Universidad de Oviedo, colabora en la sección de cultura de *Noticias Digital* y en la revista de arte *Latin American Art*. Autor de las obras *La Universalidad del Rapsoda en Felipe Alarcón Echenique, El Camino del Arte, No hagan preguntas de arte en la España de hoy, ¿Hay una regeneración del arte pendiente?* y *Morillo alumbra la evolución de la materia*. Es el creador de los blogs *goyo-vigil.blogspot.com* y *goyovigil50.wordpress.com*, así como de la presentación de catálogos de diversos artistas. Es miembro de las Asociaciones Española y Madrileña de Críticos de Arte (AECA/AMCA) y miembro del Consejo Editorial de la revista digital *OtroLunes.com*.

Este libro se editó en junio de 2016

www.ingramcontent.com/pod-product-compliance
Lightning Source LLC
Chambersburg PA
CBHW070718160426
43192CB00009B/1233